JN334929

吉田松陰を語る

奈良本辰也／河上徹太郎／
桑原武夫／海音寺潮五郎
橋川文三／司馬遼太郎／
松本三之介　保田與重郎／
村上一郎　田中彰

大和書房

吉田松陰の生涯

奈良本辰也

吉田松陰は、安政の大獄で刑死した人物である。そのとき数え年で三十歳。まことに短い人生だった。しかし、その短いという年月は、今日の私達の年代から思うてのことであるかも知れない。彼は、その死の前日にあたって『留魂録』の一冊を書き残したが、そのなかで人生を農作における四時にたとえた。即ち、春は種まき、夏は茂り、秋は実を結んで、冬は蔵するというその四時である。あの三十歳で彼は、その四時を終えていまここに生命を終えるといっている。

為すべきことは為した。或は精一杯に生きたという充足感があったのであろう。確かに八十まで生きたとしても、そこに充足感がなかったならば、彼のような言葉は出なかったはずだ。勿論、彼はその結んだ実が十分に実っていたかどうかの判別は後世の人にまかせるといっている。その人間の評価は、棺を覆ふて後に始めて決まるといっていた彼のことであるから、自分の死についても例外は設けなかった。

松陰が死んで、百年以上の年月が経過した。棺を覆うて今年で百十一年目である。その間に松陰に関する多くの著書が出た。全集も、これで三回目である。彼に対する評価は、既に大方決ったようだ。それは、その人物の真摯な生き方に於ては、何人も彼の右に出づる者はないだろうということだ。しかも彼は、常に自分の生を天下や社会の問題と結びつけて考えていた。

私は、松陰を最も純粋な意味でのヒューマニストだと考えている。彼は、いつも身分とか格式とかを超えたところに人間性の善をみていた。だから、野山獄に投ぜられたときも在獄四十九年の大深虎之亟以下を何とか解放してやりたいと努力し、懸命にその教育にあたった。

或は、宮番の女房登波の行動に感激しては『討賊始末』の一冊を書きあげた。宮番といえば、封建社会の差別された最下層の民である。その頃は、百姓や町人も声をかけない身分の者だった。松陰は、それを松下村塾に伴っているのである。

松陰に愚民観があるなどと説く人もあるが、こうした囚人や賤民に対する態度をどのように考えるのであろうか。私は、人間というものは、その全体から評価すべきものであって、片言隻句をほじくり出してすべきものではないと考えている。その時代の社会に正しく位置づけて考え、その状況のもとで判断しなければならないと思う。

それはともかくとして、彼は、本当に純粋なヒューマニストであるからして、あのような真摯な生き方ができたのだ。彼は、家禄二十六石という杉家に生れた。幼いときから貧しい生活のなかに育った。しかし、家族がよりそっておたがいを庇い合う生活が、彼の心を暖く成長させたのであろう。

その優しい心が吉田家をついだ彼に、あのような激しい勉強をさせたのでもあろう。松陰は決して天才でも何でもなかった。ただ、毛利家兵学師範として恥しくない学者に育てあげようと一生懸命になっている父や叔父の姿をみると、それにこたえるのは勉学以外にないとする幼い心の思いやりがあったのだ。

そうして十九歳のときには独立の師範となる。その独立の師範となったときに彼は平戸に行く。山鹿万介と葉山佐内を訪ねて、より深い家学の蘊奥を修めるためだが、彼はそこで長崎から入ってくる西洋の息吹きにふれる。そうすると、感じ易い彼の心が揺れはじめるのだ。

つまりそれは、彼のこれまでの学問が本当に役に立つものだろうかという疑いである。日本に生れながら日本の国の歴史を知らない。外国の侵略がそこまできているというのに、その軍艦を防ぐ術も確かではない。少くとも彼の家学である山鹿流にそのようなものはない。

学問をもって立つ以上は、この国の運命に責任を持つのが本義である。その責任が果せるかと考えるのが若い松陰の心だ。そこで彼の悩みが始まる。江戸に出て行ったとき、その悩みは最高潮に達する。「方寸の錯乱如何ぞや」という言葉がしきりに出てくるのもその頃である。

この悩める松陰の姿を私たちは正しくとらえておかなければならない。そして、この悩みを通り抜けてゆく姿に本当の松陰の心があるのだ。松陰という人物は、ただ一本の道をつき進んで勇しい尊皇・攘夷論者として首を斬られたという者ではない。

しかも、彼はこの「方寸の錯乱」を絶ちきるために、敢えて脱藩の罪まで犯してしまう。脱藩は、藩主に対する裏切りとして不忠であり、また父祖に対しても大きな不孝となる。その不忠と不孝は、封建社会における大罪なのだ。たとえ、罰せられなくとも、その人の心を痛めつける大きな傷痕を残す。

しかも、それをあえてしなければならない松陰、それも彼の純粋性がそれをさせるのである。このとき、彼の師であった山田治心気斎や親友の来原良蔵などは、そのままの脱藩を期待している。そこまで思い切ってやったのであれば、あくまで初心を貫けというのだ。家学から自由になれた身を、思い切り自由に勉学に打ち込めというのである。

ところが、松陰はその期待を裏切って、今度は常識通りに藩邸に帰ってくるのだ。そして萩に送られて自宅閉居ということになる。このところは、いかにも歯切れが悪い。松陰自身もそれを反省しているところだ。反省はしないよりもよいが、そのような歯切れの悪い行動は始めからない方がよい。

亡命から帰ったところを藩の役人に説得されたのだが、彼には藩の役人の言葉を率直に信じてしまう心があるのだ。誰も彼も、自分と同じように思っているところがある。底抜けの人の良さというものだろう。この人の良さは、同時に世間知らずということにも通じるのだ。

佐久間象山に共鳴して、外国への脱出をはかるのも、彼の一途な性質からきている。彼は、善と信じたことは如何なる困難があろうともそれを実行するという気があった。彼が外国脱出の計画を打ちあけたときも、彼の親友の大多数が反対した。宮部鼎蔵の如きは声涙倶に流るといった姿で思い止まるように忠告している。その宮部の忠告さえも耳に入らなかったのだ。

その脱出計画は失敗した。彼の実行の足取りを探っていると、もう少し要領よくゆかなかったのだろうかともどかしいような気さえする。失敗したときのことを計算には入れていない。彼の弟子の高杉晋作だったら、このような行動にはならなかったろう。

高杉はともかくとして、松陰にはいつも失敗がつきまとっているようである。このように失敗がつきまとっている人物は、そう多くはあるまい。人が良くて、要領が悪い。その上に運動神経も発達していなかったようだ。

彼が失敗したのは、およそ上のような理由だろうが、しかしその失敗したところに、いかにも庶民的な親近感を得るのは、私だけでもあるまい。だが、彼はあの海外脱出に失敗したおかげで松下村塾の教師となることができた。いや、あの教育を行うことになったのである。

松下村塾の教育は、獄中における囚人教育の続きであるが、彼はそこで素晴しい教育活動をした。つまり、一人一人の個性を見出し、その才能をのばしてやることで高杉晋作・久坂玄瑞・伊藤博文・山県有朋・品川弥二郎などを育てたのである。高杉を除けば、すべて身分の低い足軽などの子弟であった。

私は、現代という時代を考えるとき、この教育者吉田松陰は大いに評価されなければならないと思っている。いや、教育者吉田松陰は何時の時代においても考えられるべき教育の根本問題を提起しているといってよいのだ。

しかし、教育者吉田松陰を言うことは、何ら革命家吉田松陰を否定することではない。松陰は、ヨーロッパ列強の侵略にさらされつつあるアジアに於て、わが国をその侵略の魔手より守るにはどうしたらよいかということを考えた。そのための生命を賭しての海外脱出計画でもあったのだ。

そして彼は始め、幕府の有司がそうした方向で指導してくれることを望んでいた。京都朝廷と幕府が一体になって、国家の方向を決め、国民の生活を守ることに期待していたのである。だから、宇都宮黙霖などの思想にもなかなか承服しなかった。黙霖に幕府を否定する言葉があったからである。

そして、彼はまた単純な攘夷論者でもなかった。彼が通商条約の調印に反対したのは、それが威嚇によるものだったからである。松陰は、その調印に反対する上書のなかで、艦船を製造し、貿易を大いに行う体制をつくった上で、此方から改めて使を出して条約を結ぶべきだというように言っている。

即ち、主体性をもって外国との交際に任ぜよというのがその考えであった。この際、開国は当然の方向と思われていたのだ。ところが、彼はその通商条約の調印に於て、幕府に絶望する。そこから、彼の現状変革の思想が噴き出してくるのだ。

頼むべからざるものを頼んだという反省である。そして、新しい国の前途を切りひらくためには、二百五十年来の幕府の世の中を一変しなければならないという結論に達する。彼に於ては結論は即ち行動だ。ここに革命家吉田松陰が生れてくるのは事の当然だろう。

松陰という人物は、公の不正をみて、又公の不義をみてじっとしておれるような人間ではなかった。彼はそれに向って真っしぐらに突進する。ことの成否は二の次だった。弟子たちに与えた手紙のなかに、いかにも彼らしい言葉がある。「諸友は功業をなす積りなり、義卿は忠節をなす積り」という文句だ。彼には、世の革命家といわれる人達よりも、もっと純粋なものがある。即ち、代償を求めない精神であろう。

私は、吉田松陰という人物は、その全体像に於て把握されるべきだと思っている。そして、そのような全姿に於て見ることによって、私達に多くの教訓を投げかけてくれる人物だと思っている。僅か三十年足らずの生涯だったが、その短い生涯には汲めども尽きせぬ教訓がふくまれていることを知るだろう。

私は、この対談集が出されるに当って、色々な方面から松陰に対する考察の深まってゆくことを期待している。

吉田松陰を語る◉目次

松陰を語る

松陰の魅力について

河上徹太郎
奈良本辰也

時代を超越した〝魅力〟

奈良本　河上先生はどういうところから吉田松陰を書いてみようという気になられたのですか？

河上　ぼくはべつに歴史家でもなければ歴史小説家でもない。なにか人間的な触れ合いで松陰に惚れちゃった……。（笑）どうしてあの人に惚れたのかよくわかりませんね。だんだん気がついてみると惚れていたんですよ。いわゆる一目惚れ、というのとも違うんです。

奈良本　そのほうがいいですね。いや私なんかもそうですね。私は小さい時に山口県に育ちまして、私の親父が吉田松陰先生というのはたいへん偉い人だというふうに、ほんとうに思い込んでいたのでその親父が蚊帳の中で私を寝かしつけながら吉田松陰の話をするわけです。どんな話を聞かされたかな、木口小平の話も楠木正成の話もいろいろあるんです。その時どんな話を聞いたか、いまは忘れてしまいましたが、ただいつのまにか吉田松陰というのだけが頭の中にずっと残っていったんですね。なにか非常にたいへんな理屈があったようにも思います、木口小平、楠木正成などといっしょに聞きながら、いつのまにかその中でもとくに松陰に傾いていったようです……。

河上　それはいいことですよ。いいといっては失礼だけれども、つまり松陰を切り崩していって、行動主義者なのか、国粋主義者なのか、民主主義者なのか、なんていってしまったらおもしろくないですよ。

吉田松陰（国立国会図書館蔵）

奈良本　たしかにそうなんですよ。私の家にはそんなことで明治維新関係の本などというのが沢山置いてありましたし、そういったものを読んでおりますと、吉田松陰というのはやっぱり偉かったんだなあと、いつのまにか、これもいつそう思い始めたのかわかりませんが、いつのまにかそう思うようになった……。

私たちが受けた時代の教育というものを考えると、たしかに吉田松陰と二宮尊徳という二つの人間像が象徴的に存在していた。ところがその吉田松陰というのは危険な人物である……。当時の国法を破ったわけでしょう。牢屋にぶちこまれた人間である、そういう人間を小学校の教科書で教えてはいけない、とした。だから二宮尊徳のほうをとろうということで、吉田松陰は消されてしまいましたからね。そういうわけですから、学校教育の中で松陰への傾倒を深めていった、ということではないですね。たしかに吉田松陰というのは危険なところもある。〝毒薬〟も含んでるわけですね。それを急に、むしろナショナリストということであがめようとしたのが、その後の軍国主義教育なんでしょうね。

河上　それまではそうでもなかったんでしょうね。つまり岡倉天心という人も、戦争中の天心観では迷惑に思うだろうし……。もちろん松陰も迷惑だけれども、ヒットラーがニーチェを持ち上げたようなところでは、ニーチェだって迷惑ですよね。

奈良本　まったくその通りでしょうね。私が戦後になって吉田松陰というのに本気でぶつかったそのきっかけというのが岩波書店、というより当時の歴史学会かな。そこが岩波で人物の伝記シリーズを出すということになった。その時に私に割り当てられたのが、最初、大塩平八郎なんです。つまり民主主義の時代となった時点で日本の歴史を見直した場合、権力に抵抗して死んだ人間は誰だったのか——つまり幕府を倒す一つの先駆けになったのは誰なのかということから、大塩平八郎という人物の伝記を、と私のところに持ってきたんです。ところが私は大塩というのは、その時どうも気にくわなかったんですね。いまから考えてみればまた別の評価もあるんですが、その時はまことにいやだったわけですよ。というのは、たしかに大塩平八郎というのは叛乱の兵を挙げた。そして大阪城に押し寄せるのですが、すぐ負ける。簡単に負けてしまったでしょう。

河上　負けっぷりが気にいらないんじゃないですか。（笑）

奈良本　負けっぷりも気にいらないけれども、逃げたところも気にいらない。逃げっぷりも気にいらない。これはどういうことだ、あそこであんな三吉屋何某のところに行って三吉屋何某に迷惑をかけることになるわけでしょう。そんな死に方をなぜするんだ、という根底での反感が当時の私にはあったわけです。逃げるんだったらもっと別なところに逃げたらいいじゃないか、と……。それで、「ぼくは大塩平八郎を書くのはいやだ」といったんですよ。「じゃあだれを書きますか」というから、「吉田松陰なら書いてもいいよ」といったんです。そうしたらみんなあきれちゃった。吉田松陰というのはその当時は、軍国主義教育のシンボルだとかなんとか批判されてたわけでしょう。それを私が書くというからみんなが驚いてしまって、「ほんとうに書くつもりですか」「いや書く」と。そして書いたのが岩波新書の『吉田松陰』なんですよ。だから、あれははじめはそんなつもりじゃなかったんだ。その時、私が一番考えたかったのは、その本の中にも書いておりますが、「自分は松陰のごとく生きられるか」ということです。つまりあの当時、あのような幕藩体制の厳しい枠の中で、自分だったら松陰のように生きることができるかというのが最大のテーマである。

河上　あなたは、ああいうふうに生きられなくてもいいですよ。

奈良本　それはそうだ。だけど私も若かったからたいへんまじめに考えたわけです。（笑）自分だったらこの時どうだろうということを考えて……。それで私にはだめだと思いましたよ。

河上　だから、奈良本さんの場合、戦争がすんだから安心して松陰に没頭できたということはあったでしょうね。つまりそれまでは軍国主義の時代でしょう。それだと何気なく松陰をやろうとしても、これはこわいですよ。そんな時代が終わったから松陰の〝人間〟に惚れてればいい、取り組める——。そういう点は楽だったな。

奈良本　そうですね。やっぱり戦争中に松陰に手をつけるのはこわいですよ。もしも手をつければえらいところに足を引きずり込まれてしまう。しかし戦後、私が松陰をとりあげたということでは、みんなびっくりしましたね。

河上　それはまあ、その当時の〝常識〟というものがあったわけでしょうからね。

松陰をどうとらえるか

奈良本　私は吉田松陰という人を理解する場合に、片言隻句をあげつらうというのは意味ないと思いますね。たとえば彼は満州をとれ、朝鮮をとれといったというようなことを、大げさに取沙汰する。松陰の全集の中でたった一ヵ所しか出てこないようなことをね。そんなことをいったら、われわれだってなにを口にしているかわからん。寝言になにをいっているかわからんし、酒飲んだらなにをいってるかわからん。そんなことをいちいちあげつらわれてはかなわんです。「吉田松陰は侵略主義者であった」などといって喜んでるやつがいるけれども、これはおかしいと思うんだな。

河上　そうですよ、そんなことといっちゃああの人がかわいそうですよ。あんな偉い人を……。そんなことをいえば、ドストエフスキーはトルコを侵略してコンスタンチノープルを占領しろといっている。

奈良本　彼は純粋ですよね。

河上　純粋でしょう。弟子がフグを食うといって怒っていますね。それを松陰の謹厳さの一つの例みたいに、フグを食うなといった、なんてことあげしてはちょっとおかしいと思うね。

奈良本　つまり片言隻句で吉田松陰を評価してもらっちゃあ困るということだけは、口をすっぱくしていってていいと思う。すぐそういうんですよ、近ごろの連中は。「こんなことを言ってるじゃないか」と。「じゃあそんな言葉を三ヵ所でもいいからさがしてこい」といったら、三ヵ所も見つけられないんですよね。そういう吉田松陰の理解の仕方というのは、私には不愉快だな。

河上　ぼくがなぜ松陰を書いたか、というとね、あいつ（松陰）がぼくに似ているんだよ。（笑）ぼくがあいつに似てるんですよ。なにか自分の中に〝松陰的〟なものがあるんです。それでとりあげたんです。ああいう〝いかつい〟要素があるんです、ぼくの中に。

奈良本　しかし陽明学ということをあの本の中でお書きになったけれども、それはどういうふうにお考えになりますか。

河上　ぼくには陽明学というのはわからないし……。まあ、だいたい松陰という人は陽明学と朱子学の区別なんてわかっていないんじゃないかと思う。

奈良本　いや、そんなことを問題にしていないところがおもしろいんですよ。

河上　そうなんです。だからぼくも問題にしません。許してください。（笑）

奈良本　つまり、松陰を陽明学者だとする人もいるし、たしかに陽明学の本は読んでおりますよ。かといって、では陽明学者かというと、とくに孟子などというのは朱子の注で読んでいますからね。それでは彼は朱子学者かというと、そうとも言いきれない。つまり、陽明学、朱子学をすべて超えてるというところが非常におもしろいところですね。

河上　だって彼はやっぱり思想家じゃない、その点じゃあ実践家ですからね。

奈良本　松陰を読んでいて、これはとにかくたいへんな人物で、あんな人が自分の隣にいたらかなわんなあと思うぐらいのところはありますね。（笑）

高杉晋作

久坂玄瑞

河上　つき合うのにいやになっちゃう。

奈良本　そうですね。絶対つき合えないなあ、彼とは。（笑）

河上　岡部子楫宛だったか、酒はやめよなんて手紙がありますね。（笑）いましばらくでよいから酒をやめよ、なんて。ぼくなんかきっとあれをいわれちゃうと思うんだ。

奈良本　あんな人がいたら実際、つき合いきれない……。しかしそれが高杉晋作みたいな、たいへんなジャジャ馬のような男でもちゃんと従わせて、それを制御させているところが偉いですね。例えば高杉と久坂（玄瑞）という二人の直弟子がいる。片一方の久坂というのは〝修身〟の代表みたいな人間です。高杉といったら、〝修身〟のワクをぶち破った男ですね。しかしただ一つ、高杉というのはたいへん親孝行なんです。これだけは違うんだ、いまの若い連中とは。

河上　浅間山荘の連中と違うんですか。

奈良本　ええ、浅間山荘と……。（笑）これは非常に孝行なんです。彼のことを〝鼻グリのない牛〟だといった奴がいます。吉田稔麿だったかな。あるとき絵を書いたそうです。その一番端に坊主が端然とすわっている。これが久坂玄瑞なんです。その次に描かれているのが鼻グリのない牛、あばれ牛ですよ。だからだれも制御することのできない牛が高杉晋作であると。その隅っこに棒っきれがころがっていて、これが山県有朋でしょう。山県などというのは棒っきれみたいなものだというわけですよね。ところが鼻グリのないあばれ牛にただ一つ鼻グリをつけられるのが父親なんですよ。それで、「おまえ、こっちへ行け」というと高杉が「ハッ」と行くんですよ。そこだけがちょっと違うな。つまり彼は、「ぼくには一人のばかなおやじがおる」ということを書いているんです。愚父がおる、と。しかし愚父がいうことであっても聞かなきゃ親孝行に反するからおれはそうするんだ、と。これが高杉のたいへんおもしろいところですね。

河上　その鼻グリをつけたまま、あいつはあれだけあばれたんですからね。偉いもんです。

奈良本　偉いもんです。そしてその高杉をやっぱりちゃんとうまく指導した吉田松陰なのですから、たいへんな人間だと思いますね。

真摯な思考と実践

河上　安政六年の春頃、むしろ弟子たちがおよしなさい、おとなしくしなさいといってとめるところがある……。（笑）あの辺がおもしろいねえ。

奈良本　先生が一番過激なんですよね。第一、安政の大獄で井伊直弼に弾圧されて、次から次にみな検挙されている。この中で、彼は信じているんだな。つまり井伊直弼をやっつけるやつが出てくる、と。それは水戸と薩摩と越前と土佐であると、それを信じておるんですよ。しかしこれらの藩のあとについて行くのはしゃくにさわると思うわけです。井伊なんていうのはたしかに奸物であるけれども、本当に一番悪いやつは間部下総守……。

河上　間部が井伊よりも悪いと信じているわけですね。

奈良本　そこで間部は、じゃあおれが斬るといって、弟子の中から十七人の血盟団をつくるわけですよね。そしてその次がおもしろいところです。武器がないんだな。その武器を前田孫右衛門（長州藩家老）に要求するんです。

河上　火薬よこせ、大砲よこせといって、藩政府に向かって要求するんですね。あんな〝赤軍〟はないよ。

奈良本　ないですね。あんな人を信頼する〝赤軍〟は……。それで藩政府がくれると思っているんだから。

河上　そうなんですよ。思わなきゃあんなことといいませんよ。

奈良本　ええ。こんなまっ正直な男というのはちょっといないんじゃないか。それで周布政之助（長州藩家老）が仰天してしまって、これはえらいことになった、と。それで彼をもう一度野山獄にぶち込むわけですね。こんな人はちょっといない……。まあぼくはあれを知った時、この人とつき合うのはかなわんなあと思った。（笑）〝赤軍〟よりはもっと純真で……。（笑）

河上　しかもそういう謹厳実直さが、二十から三十の間のいわば青年期に実践されるわけだ。

奈良本　つまり松陰の場合は、わずか五、六歳にして山鹿流の兵学の家を継いだということ。宿命的に山鹿流軍学の大先生にならなければならないわけですよね。明倫館へ出て、藩主の前で山鹿流軍学の講義をする。その講義は立派でなければならないということで、玉木文之進なんていうのが徹底的にしぼり上げるわけだな。だから五歳から彼は孟子を学んでいますよね。孟子なんて、いまの大学生でもなかなかわからないんだなあ。（笑）たとえば玉木文之進がそこへすわってろといって、一生懸命畑を耕している。あるいはこやしを入れているところで、じっとすわって孟子の暗誦をさせるわけですね。それをずっとやってくる。武教全書とか全部やる。そうして徹底的に鍛えられていきますよね。鍛えられることに彼は耐えている。普通の人間だったら、あんなスパルタ教育を受けたら耐えられないんじゃないか。ところが彼はそれを耐えて、ぐっと自分の身に受けとめてますよ。この点が私は偉い、というかいいところだと思います。

河上　それで古いことばでいうと、人格ができてくるということですね。それはちょっと偉いことですよ。たいてい普通のやつだったらまいっちゃうよ。でなきゃ観念の傀儡になっていく。それがあの人はそうならないんです。人間になっていくんです。

奈良本　そうですね。つまりそれほど鍛えられて、今度十九歳で独立の師範になるでしょう。そして藩主から、これから長州の浦々を回ってこいという命令を受ける。この長州の浦々を回っている間に、いろいろと彼は疑問を持っていったんだろうと私は思うんです。純粋ですからね。というのは彼の受けた山鹿流軍学で一体この国が防げるかどうか……。そこに彼は疑問を持ったと思うんだな。やっぱり。

河上　ほんとにそう思ってますよ、松陰は。これでは戦争になったらだめだと。だけどそれを口に出さないでしょう。

奈良本　全然出さないですよ。それでじいっと我慢しておる。そして「私はなお家学をきわめる」といって長崎に行き、平戸の葉山佐内のところへ行って勉強する。そのとき彼は長崎を見てますよね。そこにはヨーロッパの、オランダの文化が入っている。そんなオランダの文化があるのに、こんな古い戦争のしかたでどうなりますか。吉田松陰の知っているのは河野水軍以来の戦法しかないんだ。

河上　これは松陰がつくったわけじゃないけれども、いまでも萩の菊ヶ浜に女がつくったという〝土塁〟がある。あんなものじゃこの国を防げないということは、松陰、ようく知っていますよ。

奈良本　そこで疑問を持つんだな。やっぱり国家とかなんとかに対する責任感を持ってるから。だから自分の兵学は敵と戦って勝つという兵学でなければならない。負ける兵学をやっておってはしょうがないと考える。

河上　そうなんです。そのへんは佐久間象山の弟子ですよ。何とかしなくちゃいけないと思っただろう。それで山鹿流をやめる。

奈良本　それに彼は長崎へ行って、日本とは一体何かということを感じたと思うんですね。つまりイギリス、フランス、あるいは北のほうからロシアがやってきている。

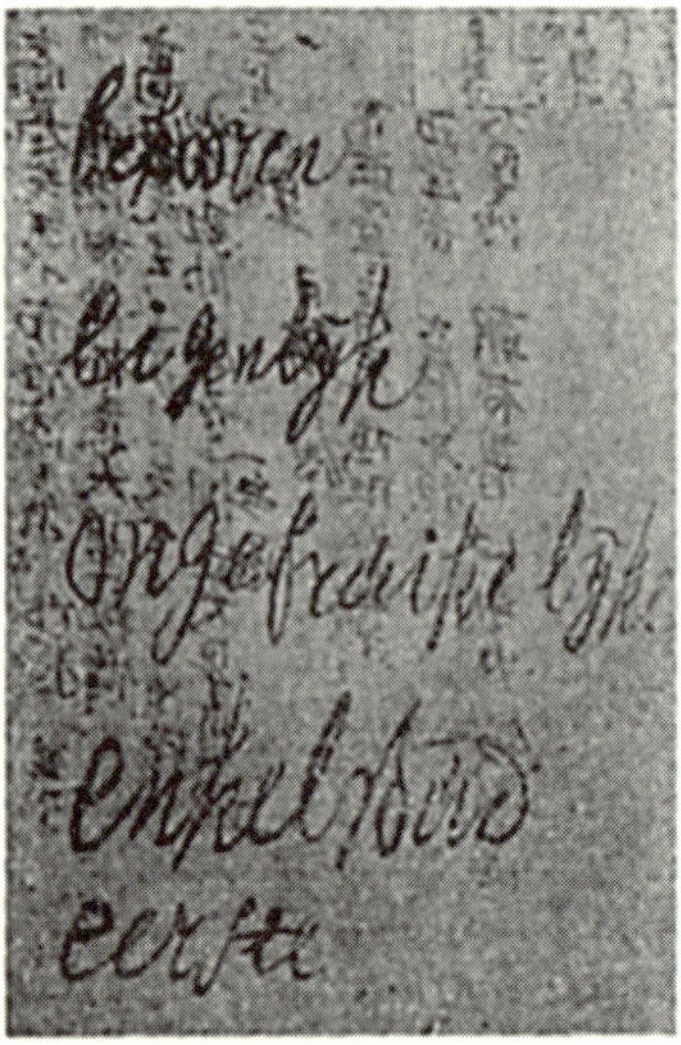

松陰の書いたオランダ文字

これらの国に対して日本を守らなければならないと思うならば、では日本という国は一体何だ、と。そこで彼は歴史の勉強を始めるんですね。これがおもしろいんです。日本を守らなきゃならないというのは一体なぜかということを勉強するために歴史に入っていったというのですから、私は松陰という人はやっぱりすぐれていると思うんですよ。そこで当時の水戸学を勉強しはじめた。自分は日本の歴史を知らなかった、だからこれから日本歴史を勉強しなきゃいかん、というので水戸に出かけてもいますね。

理想主義と時代性

河上　何といいましたっけ、有名な「フレヘード云々」っていうオランダ語を使ったあの手紙はちょっといいですね。

奈良本　あれは実にいいですね。つまり「諸侯を頼むに足らず……」何も頼むものはない、と。だからそこでわれわれは「ナポレオンを起こしてフレヘードを唱えねば、腹悶医し難し」と。この手紙はいいですねえ。松陰自身、外国語はちょっと学んでいる。学んだけど、すぐ牢屋に入ってしまったから、学ぶ機会がほとんどなかったんです。初めは彼、書いてますよ、たとえば久保清太郎に対して……。

河上　誰だったか、江戸へ遊学しに行くときに、おまえ、オランダ語だけはやっておけと手紙に書いていますね。勝手な人間だ。自分は勉強しないで弟子に勉強しておけと……。（笑）それと、あの人は民衆を見ていますね。杉浦明平さんが、松陰は民衆を知らん、関心がないということをいっています。（討論集『吉田松陰』思索社）そうじゃないと思いますよ、松陰は。

奈良本　それは民衆にはものすごく関心を持っています。たとえば、彼は東北へ行ったときに、街道筋で茶屋の赤毛氈の上に腰かけて、モチを食いながらじいっと見てますよ。それはともかく松陰という人の見方というのはすごいと思うな。おのれが偉くなろうとか、名前を売ろうとか、自分自身に関しては何にもないでしょう。だから非常に心がきれいなんだな。そういう意味では鏡みたいなもんです。だから相手の〝人〟がピーンとみんな映ってくるんです。その映ってくるやつがたいへん的確な人物の評価になっていますね。

河上　そうなんです。だから、ちょっとよそ道になりますが、ぼくの趣味の猟の話でいうと、松陰は、「狩猟十則」というものを書いています。ぼくがいまのハンターに読ませたいのはこの「狩猟十則」ですね。一つ一つは忘れたけれども、狩猟にはかくかくの功徳がある、効用がある。それはつまり山野の地域を察し、農民の生活を察する。そういう効用が非常にある。その反面、悪いことには狩猟をやると人は暴に失する、といってるんだ。粗暴になる。（笑）いまのハンターの事故が続発するのは暴に失しているんです。それから獲物をむさぼろうとする。この気持ちはいけない、と。ああいうところはおもしろいですね。非常に人間的な「狩猟十則」ですよ。七ついいところがあって、三つ悪いところがあるんだ。（笑）ぼくはその三つはちゃんと守っているつもりですけれどもね。

奈良本　そのへんは心得ていらっしゃるから。（笑）

河上　その七つの効用は、またまた話が飛ぶけれども、毛沢東の思想につながるんです。奇兵隊というのは畑を荒らしちゃいかんという鉄則があったでしょう。毛沢東がそうですね。それを松陰はちゃんと書いていますよ。あのころの狩猟というのはどういうやり方をしていたか知らないけれども、火器は使用しておるでしょう。それに畑を荒らしちゃいかん、と。そのあたりがいまのハンターたちが農民に反感を買うゆえんなんです。畑を荒らすから。そういうことはちゃーんと松陰は書いています。毛沢東の軍律みたいなものです。（笑）

奈良本　しかし私が松陰を一番好きな点というのはやっぱり、彼はつまり〝人間〟なんだな。だから非常にこの人間はいいという、相手の長所・美点をパッと見ますよ。いつも人間のよさ、いいところというのを見るんだ。彼は悪さを見るんじゃないんですよ。

河上　だから誤解もある。よくその〝人間〟を間違えるんだ。富永有隣や江帾五郎を間違えたり、よく間違えるんだ。

奈良本　つまり非常にその人間のいいところばかり見るんですよ。これは弱さかもしれないけれども、私はそれが好きだ。

河上　それは強さだよ。

奈良本　強さですかね。非常にいいところを見るんですよ。どんな人間でも決して捨てない。

河上　だから彼のそれは一種の理想主義です。自分の中にある理想を相当に当てはめちゃう。でもね、ぼくは今になって大仏（次郎）さんの『パリ燃ゆ』という、パリ・コミューンを扱った本を読んだんですけれども、あの陰惨さというものは日本の幕末の争いにはないんです。あれはすごいものですね。松陰という人間があの時代に生まれ得たということ、これは日本の特殊事情ですね。それは勤皇方が幕府に殺されますけれどもね。だけど松陰があれだけの理想を述べ得たということですね。それを考えるとコミューン、つまりフランスというのは残酷な国だなあ。つまりセント・バルトロミューの虐殺とか、フランス大革命からその次にコミューンでしょう。こういう国じゃ松陰は出られませんよ。おっかなくって、そういう可能性がないんです。だけど出たってことはお国ぶりですね、日本の……。あんなに同胞を憎しみをもって殺すということはないですよ。それは源平は戦うし、勤皇と佐幕は戦いますけれども、周辺にいる農民たちまでやたらに殺しやしませんよ。あんなにパリの市民を憎しみをもって殺せるというのはふしぎな国だな。野蛮国ですね、フランスというのは。（笑）松陰が日本に育ったというのは、これはそういう意味でちょっとおもしろい……大事なことですね。人物も時代も日本の特殊性だ。

松陰を語る

松陰の資質とその認識

橋川文三

司馬遼太郎

松陰における思想家的資質

司馬　思想的人間における気質としての器ということで松陰を考えてみると、この人は思想家の中ではもっとも根源的な存在じゃないか、思想家以外になりようがない人だという感じがします。私は、松陰を子どもの時からあまり好きでなく、大人になってふと興味を持った時に、こんな純粋で純真な人がいたかと驚ろいたわけです。ちょうど因幡の白兎が毛をむかれて、赤裸になって、そよ風に当っても肌や骨が痛むという具合でいる人が松陰なんじゃないか。思想家としての松陰の器を、ガラスの器にたとえると、ガラスの器は非常に薄くて、今にもこわれるんじゃないかというような感じがあるんですが、思想を盛上げる器、もしくは思想を湧き出させる器というのが人間にあって、私はそういう気質をほとんど持っていないんですけれど、そういう気質を持ってきた人ということで、日本の思想史を考えることができる。その中で、一番原型的な人間が松陰じゃないかと思うんです。

橋川　いまの司馬さんの表現、よくわかります。不思議な人間だというイメージがまずありますね。その不思議さというのは、あれだけ影響力を持ちながら、なにか世俗の形で残るような仕事はほとんどしてない。つまり純粋な、ある余韻だけを残して、すっと消えていったような感じがして、それが不思議な感じを与えるんだろうと思うんです。

仮に松陰は革命家なんだという言い方もそれなりに納得ができますが、そういうものに限定できないような、純粋さそのものというか、そんなものがいったいあり得るだろうかという意味での純粋さの不思議さですね。

司馬　確かに江戸時代の思想家の名前を挙げても、佐久間象山や佐藤信淵、勝海舟も入るかも知れませんが、彼らは俗士でたくましくて、皮膚も面の皮もある程度厚かった。だから時務ができたということがいえますが、純粋な思想的体質という意味ではちょっと遠いように思うんです。松陰のことを考えますと、日本人の中にこういう人がいたかと思います。日本歴史の中で、純粋な意味での思想的体質を持った人間というのは、安藤昌益という謎の部分の多い人はいますが、これ以外では奈良朝時代からみても――平安初期の空海などは思想のすぐれた輸入者という面が強くて――まあ松陰だけじゃないかと思ってしまうんです。

橋川　たとえば、ある民族の気質をもっとも純粋に象徴するような人物、そういう人間がある時代に必ず出現して、それによってその国民の特性が直感的にわかるような、そういう人間がいるはずだと思うんですが、日本の場合では誰だろうとよく考えてみるんですが、なかなか浮かんでこない。

たとえば、ドイツでいうとマルチン・ルター、ロシアでいうとドストエフスキーなどですかね、要するに民衆の予言者としてとらえられると思いますが、それに相当する人物は日本の場合は誰だろう。いまお話を聞いていて、それを松陰に絞っていいのかなと考えたりしているんです。

西郷隆盛というのも、日本の民族的な、一種のヒーローと考えられますが、すべてがそうとは認められないという気持が伴うから困るんです。それならむしろ松陰だと考えるんですけれど、松陰を近代日本民族の予言者だという把え方はどうでしょうか。

司馬　つまり、これを政治史における価値観でやるとつまらない。それでなくて、思想的気質を持った人間という意味で、それを民族の予言者という形で新しい部屋に入れるのは、非常に面白い。その部屋に入れるのに、彼は日本人を代表しうるかどうかという問題になると、西郷のほうが大きいじゃないかという議論も出ると思うんです。ところが西郷という人は、なんといっても革命家ですから、人並みをこえた気迫を持っていて、すくなくとも風にも耐えられないというような敏感な体質ではない。やはり松陰という人は、そういう殿堂に入れるんじゃないかと思うんですよ。

橋川　松陰というのは奈良朝以降、珍しいタイプの日本人だというお考えですね。

司馬　西洋人、もしくは中国人の中に出てくる墨子、孟子、孔子、中国における近代の人々、ヨーロッパでは、あげて数えうるに足りないほどたくさんある思想的人格から見ると、松陰しか持ち出せないという、われわれにはちょっと寂しいところがあるんです。

橋川　寂しいけれどもほかにないとすれば、松陰と確定しといたほうが、いろいろな意味で教育上もよろしいということですかね。

司馬　確定しといたほうがわれわれにとって、教育上は別として明快だと思いますね。つまり政策論者はたくさんいました。江戸末期になりますと、蒲生君平も思想的な政策論者であり、林子平、佐藤信淵もそうだと思います。それがだいたいの卸問屋になって、幕末の政治思想は出てくると思うんですけれども、松陰はひょっとして政治的状況の中におかなくても、彼は多分に文芸的な性格を持っていますけれども、思想家でありえたんじゃないか。

たとえば極端な例をあげますと、明治初年に彼が成人していれば、クリスチャンになり、クリスチャンとしても相当遍歴をへると思いますけれども、明治中期に生まれていれば、漱石を超える文学者になったかもしれない。いろいろな時代状況の中に彼をあてはめていきますと、なんとなく面白そうに思えるんですけれども。

橋川　江戸時代というか、幕末をさかのぼって気になる思想家というと、松陰も気になる思想家だし、また少し違いますけれども本居宣長、彼なんかは思想家的気質という見方を使えば、どうなるわけですか。

司馬　僕は宣長は、食わず嫌いなんですけれども、あの時代の特徴だった一種の人文科学的な物の見方をする気運というものは、あの時代の秀れた学者達に共通したものですね。たとえば荻生徂徠も考えられますし……。私は宣長を人文科学者の最初の人かと思ったりするんですけれども。つまり、とても薄い玻璃鏡で、風が吹いてもこわれるかも知れないという体質は宣長は持っていなかったようです。もっと頑固な、もっと戦闘的でしたたかなところがありますでしょう。時勢との関わりでの逃げ方も心得ていますし、その意味では俗な感覚というものも十分心得ていたお医者さん上りの、町学者という感じがするんです。

松陰の文章の特異性

橋川　これは思想家としての感受性というか、気質というか、そういうことに当然結びつくと思うんですけれども、松陰の文章が非常に特異だということがありますね。兵学の家柄に生まれながら、彼の書いた文章、特に書簡文がそうですけれども、あの時代によくこういう文章が書けたなと思うところがありますね。

司馬　書簡文においては、表現力というのは実にたくましいでしょう。あの時代に漢文を借りずに自分の意志なり思想なり、天下の情勢なりを、あれだけしっかりと表現できた人は、松陰以外にいない。幕末における最大の文章家の一人と思わざるを得ない。

旅における松陰は、未見の事物に接するときの態度が嬰児のごとく素直で、脅えやすく、喜びやすくできてますでしょう。そういう体質を旅の中で存分に発揮して、見事な紀行文を書きますね。それは単に達意文章というだけでなくて、リズムがあって、芸術的な感興をわれわれに与えますでしょう。あれはたいへんなことだと思いますね。

橋川　あの頃の日本人の文章をひろく見ると、あるいは似たものがあるかも知れませんが、すぐ思いつくのは、スタイルは違うけれども福沢諭吉だとか坂本龍馬ぐらいで、ああいう文章がどこから出てきたのか不思議です。いつか奈良本辰也さんにお聞きしてみたら、あれは長州藩の士達の勉強の仕方の中に、いくらかそういう要素があったんだというふうにおっしゃったと記憶しています。それにしても松陰の文章の個性は際立っていますからね。

司馬　〝文章日本語〟というものの歴史を考えますと、われわれが使っている今日の文章というのは、漱石とか子規とかの時代の人たちが、無名のジャーナリストも含めて、苦労して作り上げられた。その代表を漱石と考えていいんで、色恋沙汰からベトナム問題まで論じられる文章という意味です。つまり『歌行燈』の泉鏡花の文体ではベトナム問題は無理ですね。どういう種類の問題でも使える文章や文体を、明治期の人たちが寄ってたかって作り上げたわけですけど、その先駆的な存在として松陰がいるんじゃないか。ただ松陰の文章を皆が真似たんじゃなくて、時期的にもっとも早いのが松陰だという意味です。同時代のいろいろな書簡文を読みましても、松陰のようなものはなかなかありません。

橋川　とにかく、やっぱり不思議なんです。どうしてああいう文章が生まれたのか。そのこと、さっきちょっと漢文の読み方や書き方が非常に早かったらしいという話が出ましたが、それはどこかでつながってくるような気がするんですけれども……。

司馬　この場合は文章においては松陰は天才であったと思ったほうが早いかもしれませんね。彼は手紙とか紀行文は、幸いにして漢文で書かずに、読み下し文もしくは彼自身が開発した文章日本語で書いてくれたおかげで、われわれは文章家としての松陰を見ることができるわけですけれども。

橋川　松陰のおびただしい遊歴というか、旅行の経験、それから獄中で雑多な諸階層の人々に会いますね。そんなことも関係しているということはないでしょうか。

司馬　あると思います。たとえば獄中で文字に暗い人に会いますが、松陰の弟子たちも文字に暗い連中です。松陰が漢詩を作る時の態度は厳格で、故事を踏まえたり、むずかしい漢字を使ったりするところがありますが、弟子たちにはわかるように書いている。

われわれの文章は明晰で、人にわかりやすく書かなければならないのに、それはひとつの心得として持っているにすぎない。松陰の場合、彼らにわかるように書くのは、必要があってそうしていたわけです。それは功利的に成立していたのではなく、優しさから成立しているわけです。この少年にはこういう書き方で訴えたい。だから優しく自分の心におおい隠すところがなくて、全部さらけ出して、なおかつ少年の心にまで踏み込んで、文章をかゆいところまで行届かせるということになって、松陰には巧まずしてああいう文章日本語が成立してしまったのだと思います。

橋川　そういう具体的な要件がないと、いくら天才でもちゆうではああいう文章は作れないわけでしょう。

司馬　なにしろ松下村塾というとかっこうよく聞えますけれども、本質的にはただの寺子屋でしょう。初めて千字文の修業をしたり、簡単な漢文の読み方を教わったりしに来る少年達を教える初等教育の場ですから、松陰としては自分が持っている教養やボキャブラリーでは話ができないというところがありましたでしょう。

優しさとラジカリズムの密着

橋川　そういう文章感覚と、いまおっしゃった優しさですけれども、優しさというのは気質的な思想家としての松陰を考える場合に、大きな要素となっていると思います。優しさは松陰の天賦であるといえばそれまでなんですけれども、家庭環境もあり、広くは長州藩のある種の雰囲気というものもあったんでしょうけれど、文章のうまさと異様なほどの優しさは、松陰を読んでいく時、一番最初にぶつかってくる問題ですね。これは一体どこから来たんだろうかと考えさせられる。それともう一つからめていえば、その優しさが後年のラジカリズムと密着して出てくるというあの関係、これが一番松陰のおもしろいところだと思うんですけれども、それがなかなかきれい事では説明できない。いわゆる論文風に松陰を書く時に困るところなんですよ。

司馬　困るところですね。まず、分析不可能な、生まれつきだとして書くとしても、その良さは十分に説明されない。一つは杉家の雰囲気というのを考えなきゃしょうがないと思います。杉家というのは、お父さんもお母さんもお兄さんも生まれつき優しい人間であった。おじさんの玉木文之進だけは、ドグマに落ちたお不動さんみたいな人だったように思いますね。これだけは違う要素です。

松陰の母親というのは百姓身分の家に生まれた無学な人ですが、話上手で、俚諺《りげん》というか、そういうものをよく心得ていて、当意即妙にユーモラスなセンスを発揮した人らしくて、みんなが行詰った時に、彼女がユーモアで解決してしまうと、一座が明るくなる。そのお母さんというのは功利性が全くないような感じの人で、松陰が国事犯として処刑されますでしょう。これは一門、一家にとってむごい話で、われわれは昭和初年の一族から共産党員を出した時のむごたらしい環境、まがまがしさというものを、体験として知っているわけですが、松陰の刑死というのは杉家にとってはたいしたことはなくて、お母さんが松陰の兄の子ども達、自分の孫達にさとすのに「松陰おじのようにおなり」という。松陰のようになるというと、刑死しちゃうんですけれども、そういうことには構わない。松陰はお母さんにとっても仏様みたいな人間だったという実感が強かったんじゃないでしょうか。この「おなり」というのは、一生懸命勉強しなさいということが入っているんですけれども、その中に全体として功利性がなくて、純粋に生きる人間というものに対して、こわがりもしないし、迷惑がりもしないし、それに対して非常に寛容だったというのも非常に奇跡的な家族ですね。

橋川　私が育ったのも関西なものですから、一つの身びいきな解釈かもしれませんが、私の子どもの頃から知っていた、田舎のおばあさんやおばさん達を見てますと、杉家なら杉家のお母さん、ああいう人と自然な近所付き合いをやれそうな、そういうタイプのおばさん達をよく覚えているんですよ。そういう気質が、特に杉家の場合、鮮明にあったのかなと思ったりします。

司馬　実感の違いというので随分変わると思うんですけれども、少なくとも中国筋、もしくは長州筋には、子どもがよく出来るから官吏になって出世しろという雰囲気よりも、よく出来る素直な明るい子どもだと、それだけで喜んじゃうようなところがある。藩の偉い官吏になって、自分達を豊かに暮らさせてくれというふうには思わない。

松陰生誕地から見下ろした萩市街

東北地方などは、やはり現状から離脱できるいくつかの方法のひとつとして、たとえば子どもが出世するということが必死の状態であって、それに比べると関西の方が生活が楽だったものですから、そういうところで眼がつり上がるような雰囲気はなかったんじゃないでしょうか。

松陰の場合は杉家の雰囲気というのが、そうさせたということはありますが、なぜ杉家が成立するのかといえば、偶然としか言いようがない。ただお母さんが、どちらかというと富農の家庭に生まれた人ですから、いわゆる小うるさい武士家庭の出身じゃない。ですからおおらかだったんでしょう。

家庭論にいくとややこしいんですが、松陰という一人の天才がいたという、公理みたいなものを置かないとしょうがないみたいなところがありますね。

松陰と子規の類似性

橋川　松陰のあの優しさと、異性、女性に対する禁欲、あのからみ合いが私にはよくわからないんですが。

司馬　私もよくわからないんですが、松陰が不犯だったことは確かなようですね。女性に対しては仏教語でいえば、淫欲をあまり持たなかったような雰囲気がある。人間として松陰ほどのエネルギーのある人が、淫欲を持たなかったというのは不自然なので、その問題はどうなったんだろうということは、まずありますね。

その反面、彼は女性の教育に非常な関心を持っていて、当時の人間としては女性を一番思い込んでいる。つまり抽象像としての女性、概念としての女性を一番考えた人じゃないですか。女性にはこういう教育をすべきだと自分の妹にも手紙でさんざん書いてある。

同じ獄中にあったおたかさん、武家の女房ですが、この人との気持の上でのやりとりは、なんとなく色気のある感じなんです。たか女の俳句その他で想像するわけですが、彼女は松陰を男性として思っていたようですね。おたかさんが抱いた松陰への情感は、小学校の修身教師が乃木将軍の話をするのを、尊敬するような雰囲気ではないと思うんです。もう少し男女のフワッとした気持がある。

するとと松陰というのは、そういう魅力を持っていた人、少し色気の漂うところがあった人だろうと思うんです。ですから彼は性的異常者でもなんでもなく、性的にはごく普通の人だったんじゃないか。ただ、われわれが江戸的状況の中で考える場合、クリスチャンのような松陰をイメージにうかべるのは非常に困難ですね。

話が飛んでしまいますが、松陰のことを調べている時に、全く偶然なんですが、正岡子規のことを調べていたんです。二人を比較するのは面映いんですけれども、あまり同じなんで、石につまづいたような偶然なんですが、その石同士がぶつかりましてね、文体が同じなんですね。文体が同じだというのは語弊があるんですが、つまり文体を成立させている精神のリズムが同じだといいたいんです。しかしリズムを音譜で書くわけにもいかないものですから、他に受渡すこともできないんで、はがゆいんですが、粗雑な言葉を使えば、共通しているのは〝たおやめぶり〟なんです。

日本人が、西洋人あるいは中国人と非常に違うのは、日本人で勇気のある人間、不退転の心を持った人間というのは、比較的たおやめぶりの人が多いんです。いわゆる豪傑風を気取る人は、えてして大事の時に逃げたり、遁辞を構えて相手を煙に巻いたりする人が多い。日本人においては、ますらおぶりよりたおやめぶりの人の方が、節操を信ずることができるといえる。

橋川 それは面白いですね。

司馬 松陰と子規の両人ともが、そういう主体を持っている。そのためだかどうかはわかりませんが、生涯も偶然似ている。どちらもたった一つの主題のもとに生き、強烈な人生を送り夭逝している。しかもどちらも自分の夭逝をなんとなく感じて、弟子を一生懸命かわいがった。弟子が逃げようとすると、追いかけて、俺はこう思うんだが、お前もこうしろという具合に、自分の命の短さをなんとなく感じて、しつこく弟子たちに言い寄った。言い寄る気分が非常に優しくて、しつこくて、弟子たちが逃げようとしても逃げきれなかったところも似ています。

ある意味では、われわれの民族の持った最大の教育者というのは、正岡子規と吉田松陰の二人きりだろうと思うんですけれども。

橋川 子規の文章とは目の前で語られているようなところが似てますね。

司馬 漱石が子規に対して、お前の文章は困る、少しも推敲してないし、思いつくままにだらだら書いている、と彼なりの文章観から言っている。しかし、子規はやたらと書きなぐるんです。カイコが糸をはき出すようにしか文章が作れない。そのくせ子規の文章というのは、漱石よりもあいまいさはないんです。漱石にはどっちともとれるずるさがある。このずるさが漱石の魅力でもあるんですが、子規の文章はこのセンテンスはこれしか意味がないという明快さがあり、しかもくねくねしていて、たおやめぶりなんですね。このあたりが松陰と非常によく似ているように思います。

橋川　書簡文には、その人の文体がよくでるのかもしれませんけれども、大正、昭和のアナーキストだか文学青年だかわからない人たちの中に、そういう文章はなかったですね。

司馬　その系譜というのは日本人の中にあるのかも知れませんね。

橋川　私は子規はあまり読んでませんが、子規とか松陰の書簡の文章を読むと、こういう文章は俺にはもう一生かけない文章になったという、悔恨のようなものを感じさせる。何かを失ったということを思い出させる力を持っていますね。

司馬　変な表現をすると、テニヲハというにかわでつないでいく膠着語である日本語の特徴をもっとも濃厚に持ち、かつもっとも生かしえた文章は松陰とか子規だと思います。

和文の特徴というものでもないんですけれども、要するに綿々と語って、しかも少しも自分にべったりしていず、乾いたところがあるでしょう。それが素晴らしいと思うんです。自分を綿々と訴えてるわけではないんです。

橋川　後期の、相当ヒステリックといわれる文章でも、意外にスカッとしていますからね。怒鳴ったり、すねてみたり相当激情を吐露しているのに、印象はスカッとしていますね。

司馬　自分の命が道具にしかすぎないということをはっきり見極めていて、自分勝手な怒り方をしてないからでしょう。自分の側に引き寄せようとしているんですが、自分の目に見える世界の景色をよくしておくと、何事か出てくるんじゃないかという風に、あくまで相手を客体として置いているところがありますでしょう。

橋川　今の司馬さんの世界の景色をよくしておくという表現はいいですね。そういう風にいわれると感じがよくわかります。

透明で科学的な眼

橋川　話がかわるかも知れませんが、ああいう優しさを持ち、見るもの聞くものすべてに対して、敏感でこまやかな好奇心を隠しきれない青年時代の松陰像が一つありますね。人情、地理、風俗、政治を含めて、ずいぶん丹念な観察をやっているわけですね。しかも心情的な優しさで裏づけされている観察力なんですが、そこで少し気になってくるところがある。というのは、松陰の世界認識、人間認識は、当時の優れた知識人たちの現実認識の仕方ともどこか異質です。松陰はむしろ特立しているという感じがする。

例えば、一つの極端を見ると、佐久間象山のような世界認識がありますね、それとも違う。勝海舟のような現実認識とも違うし、蘭学系統の西欧的な物の見方に近い感受性を持った人たちとも違う。つまり彼の見た現実というのは、司馬さんの言葉でいうと微妙にこわれやすい、そういうリアリティだという感じがしてしょうがないんです。彼は丹念に物事を見ているんだけれども、それ自体がデリケートな構造を持っていて、何かがはずれるとそういう現実はスッと消えてなくなるんじゃないか、そういう感じがするんです。

司馬 なんというか、西洋的な思想家の機能性みたいなものを松陰は持っていたようですね。組み上げたものを一つはずすと、ばらばらと崩れる、そうでなければ思想とはいえないというところまで、松陰はなんとなく体の中で身につけていた、いいすぎかも知れませんが、そういいたくなるような感じがある。

もう一つは、地理的なものに対する関心の深さを感じるんですけれども……。私は九州紀行文が一番好きなんです。

橋川 私もあれを賞めたことがあるんですが、村上一郎さんがあれは好きになってはいけないと言ってますね。そうセンチメンタルに見るなということらしいんです。

司馬 しかし、あれはセンチメンタルではなくて、文体が、初めての旅行ですから多少感傷的ですが、眼は透明で科学的でしょう。山が窪んでいれば窪んでいるとおりに見ているし、デフォルメを非常に慎しんでいて、山河の流れる状態というものを割合正確に見ている。それから、地理的環境からくる人情風俗も明晰に見ている。この態度は同時代人にはあまりないわけですよ。

そうすると彼は科学者みたいなところがあって、自分の情念だけで物を見たりすることは少なかった。むしろ東北旅行の時には、東北は古来英雄の崛起するところであるという、青年客気の思いが先に立って、旅立とうとする自分を鼓舞するところがありますが、九州旅行の方は平明平易で、明晰な眼を持って旅している感じでしょう。例えば、佐賀や熊本の風俗を見るところでも、今でもジャーナリストがはたしてあれだけの観察ができるかどうか。それもはじめからそれが目的で行ったわけでないのに、あれだけの観察ができる。おそらく一日の行程が終わると、宿で秘かに大福帳かなにかに書きつけたんでしょうから、他人に見せるためでなく、自分の心覚えに書いているんでしょう。こういう態度というのは、文章を成立させる環境もきわめて純粋なんだと思いますよ。あれは松陰を考える上で、大事な文章だろうと思います。

橋川　私もあれは好きだし、羨しいというか、一ぺんああいうふうに若返ってみたいという感じを持たせる文章ですね。後には、いろいろな政治的な激動に巻き込まれて、ああいう素直な形では出てこなくなるんだけれども、根は一貫している。それと中国の文献、日本の古典などを読む時でも、同じような目で見ていますね。普通の漢学者は、おびただしい注疏なんかを参考にしながら、いかにもいかめしく論語でも孟子でも読むわけですけれども、孟子なら孟子の言葉を生に素直に聞きながら、同じように素直に反論するという姿勢があって、ああいう点も不思議な存在です。

司馬　確かに、イタチと馬とどちらが大きいかと聞かれて、馬の方が大きいとスラリと言える精神の持主ですね。思想的体質というのは、多分にドグマをひねり出すところの何かを持っている。つまり、馬の方が小さいという方が思想的なんですけれども、松陰の眼はきわめて科学的で冷静だというところが面白いですね。

橋川　私はそれはどうしても疑えない点だと思うんです。どんな精神的激情状態に入っても、その点はかわっていない。激烈な言葉を書く時だってかわってないようで、それが不思議だという感じがするんです。

松陰を成立せしめるバネ

司馬　松陰の精神のリズムは、まず一生ほぼ同じリズムを奏でたとみていいんじゃないでしょうか。橋川さんがさっきおっしゃった兵学者としての松陰という問題を考えますと、私はこれは松陰の一大不幸の一つだという気がするんです。兵学者の家に生まれて、家の弟子たちやおじきにあたる人に家学を学んで、年少の時から家学の責任者たらざるを得なかった。松陰をして強制せしめている外からの要因というのは、兵学者の家に生まれたということだろうと思います。

ですから彼は国防を考えざるを得なかった。小さくは九州を旅行しても、兵法地誌的な眼でそれを冷静に見ざるを得なかった。そういうことが松陰における、今の言葉で言えば、科学性を成立せしめていくんですが、松陰にはほとんど兵術家の才能はないでしょう。

橋川　その点、私も自信はないんですが、村上さんあたりは兵学者松陰という観点をいままで松陰を論ずる人は忘れていると言っています。私は兵学の背後にある思想という点では評価しますけれども、戦略、戦術家としては、当時一般の水準を越えるものではないんじゃないかと思うんです。

司馬　水準以下だと思います。兵学者の家を継いだにしては気の毒なほどに。兵学者の才能というのはもっと違うものであって……。

なんとなく松陰を読んで思いますけれども、この人には兵学の素質はない。しかし家の学問、家学の強制があった。松陰は非常に真面目な人ですし、藩における自分の背負っている責任というものから兵学者であろうとした。彼の孤高感は自分一人が悩み、外圧からくる藩の危機、あるいはもっと大きく日本の危機というのは自分で救わざるを得ないと思うところからきている。

山鹿素行論をここでやるつもりはないんですけれども、例えば、山鹿素行というのはいろいろな面白い、独創的なこともやった人ですけれども、彼の兵学というのはなんといってもコケオドシのところがありますね。関ケ原に参加した人はみんな死んでいて、しかも大名は武備を持っていなきゃいけない。陣触《じんぶれ》の時にどうやって動員し、どうやって行軍し、どうやって兵力を展開するかという方法もみんな知らない。誰か教えてくれる者はいないかという社会的要求があった時に山鹿素行が出てきたわけです。素行自身もそんなことは知らないわけで、『甲陽軍鑑』などを読んでやるわけですが、非常に山伏修験道的な神秘性が入っている。

松陰がそれに気づかないわけはないんで、松陰は松陰なりの磨きあげられた合理的観察力というのはあったんですが、当時の武士の倫理要綱としては自分の家学を疑ってはいけなかったんで、あまり多くは語っていません。やがて西洋銃陣の方がどうやら合理的だというんで、それに関心を持つんですけれども、その時に自分の命の短かさを知っていたのか、西洋銃陣をやるにはオランダ語からやらなければならないのに、これを省いて、もう少し概括的な方法で西洋銃陣を見ようとしたところがありますね。

そういう気の急き方というか、心の急き方というのは松陰の特徴ですが、なんにしても山鹿流兵学というのは、松陰が大人になった時には内密に捨てていることは確かですね。その当時のどの藩の兵学者も皆つまらないものですよ。長沼流の兵学者なんかも全部こっけい極まりない存在です。

橋川　長沼流というのは最近本が出ていましたが、あれは山鹿流とどうなんですか。

司馬　元は一つです。小幡景憲の流れです。しかし、兵学者としての松陰を成立せしめているバネ、責務感としては理解できても、兵学者としての松陰を置き直してみるという必要はないでしょう。

思想の核としての天皇

ちょっと話が飛びますが、私は思想を形成する核として、リアリティのある核じゃなくて、フィクションとしての核が必要じゃないかと思うんですけれども、平俗な例をあげて申し訳ないんですけれども、キリスト教を成立せしめているのは、いるかいないかわからない神であるということで、その意味ではマルクシズム、もしくはレーニニズムを成立せしめているものは、人民という、実体として把えがたい、多分に最大公約数であるにすぎないものを、フィクションとして据えたところにあるんだろうと思うんです。これは多分に語弊があるかも知れませんが……。

それは松陰の思想が形成される場合には天皇だろうと思うんです。その天皇というのは、具体的な存在というより極度に形而上化された、極度に純粋化されたフィクションとしての天皇を据

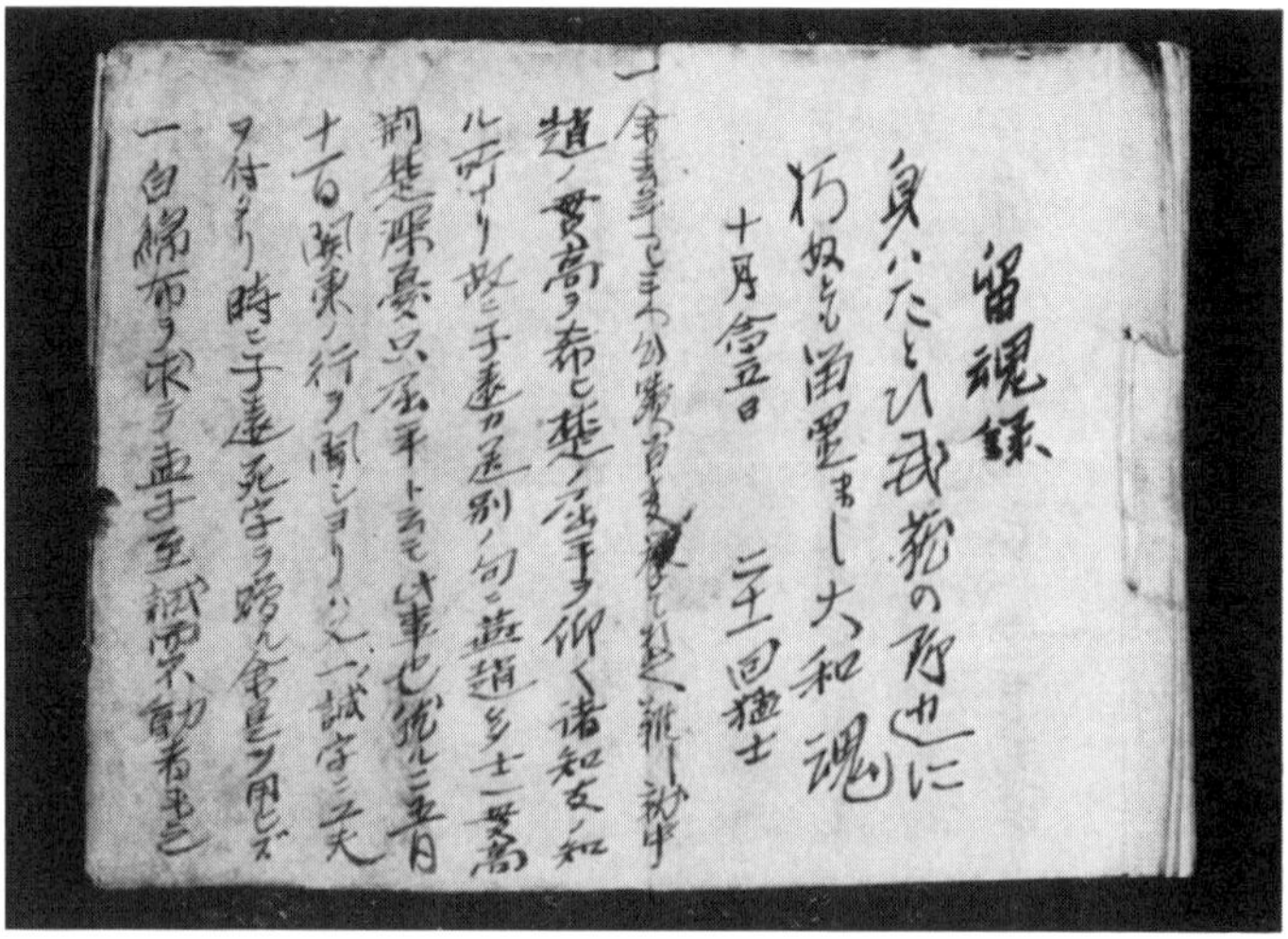

留魂録

えて、思想を形成せざるを得なかった。その意味での天皇を考えるべきで、明治以降の、例えば、とくに山県有朋を推進者としてできあがった天皇制というものから逆算して、松陰の天皇制を考えるのは、松陰にとって酷です。

橋川　酷だし正確でもない。ある歴史的な人間を評価する時に、そういうふうにさかのぼって解釈を押しつけられても、肝心の本人が自分のこととは思わないはずです。にもかかわらず、松陰の場合は明治以降のイメージが強いでしょう。どうしてもさかのぼっていくと、天皇制の原点は松陰ではないか、とすれば認めることはできないというふうになる。そこのところが、歴史を書く場合に一番むずかしい問題になるかと思うんですが。

司馬　いずれにしても、松陰が生きた歴史的段階では、人民というフィクションを据えて、思想形成をするということは、事実上不可能だったと思います。江戸幕藩体制における人民というのは、さっき使った言葉をもう一度使えば、公約数であって、具体的に人民というのはどうかという形では出てきにくいし、後世の歴史が考えているほどに江戸庶民というのは苦しくなかったと思うんです。そして士大夫が人民のことを考え、国家を担うべきであるという考えが、江戸末期にははっきりとあるわけです。歴史を考える上で、天皇というフィクションを一つ強烈に作り上げれば、人民のこともはっきりする。天皇を据えなければ人民のことははっきりしない。簡単な図式でいいますと、天皇を据えることによって、人民が平等になるんであって、将軍も熊公も同じなんだということがやっと言えるし、考えられるんであって、この場合、天皇というフィクションをわれわれは高く評価しなければいけないと思うんです。後世の対天皇感覚で、つまり後世の生臭さで感じちゃいけないと思う。私は歴史的法則で物を見るというのは苦手な方ですし、松陰における天皇の問題については非常に無感動にそれを受け止める方なんですけれども。……もう一つ、ことわるまでもありませんが、私は明治以後の天皇制を好みません。

橋川　松陰の天皇というのは、明治以降のイメージを含むものじゃなくて、司馬さんの言葉でいうフィクションです。しかも例外的な人間といってもいいような松陰がつかみとったフィクションで、その事はむしろ松陰の文章をずっと読んでいけばわかるはずなのに、例えば、杉浦明平さんのように文章を読まれるセンスのいい人が、その点になると非常に拘泥されるわけですね。同じ表現が使われているということで。今、生臭いとおっしゃいましたが、生臭い後世の連中が使ったと同じ言葉がそこに出てくる。つまり神国とか、天照大神というふうな言葉が、後世の連中が使ったと同じ意味で出てくる。そうである以上は、逆に後世の天皇制、天皇のイメージを押しつけるほかないというわけです。

司馬　私も人情として実感もありますし、同感したいところもあるんですが、それは切り離さなければ、当時の人間については考えられないんです。神国の問題でも、神国という仮説は山鹿素行がいって、松陰がそのまま引継いでいるだけなんですけれども、神国という仮説を立てなければ、日本は中国体制から見て蕃国―衛星国―になるわけですよ。つまり日本は中国の体制を社会体制の中に取入れないで、文物だけを取入れたんです。ですから、どう考えても野蛮国なんです。それが儒者としては悲しいんで、儒教的世界から出てきた山鹿素行というのは、中国的世界からの独立性を保つために神国という仮説を立てたわけです。そうしなければ、日本は中国の属国になってしまうわけですから。

日本的現実というのは比較的中国から離れた存在で、独立国として一個の天下を持っている。この日本という国家を素行の場合、抽象概念で考え、国家論で考えてみる時に、神国ということを規定すれば、それで独立性が保てるわけです。これが松陰にも引継がれているわけで、山鹿素行よりはるかに儒教的な教養のあった、しかも儒教を尊んでいた松陰が国家論を展開する時には、日本を神国としなければ、どうしても清の年号を奉じなければいけない蕃国になるおそれがあるわけです。これはそういうグローバルな場所でこの問題を考えてやるべきで、あまり近代と短絡しては困ると思うんですけれども。

橋川　その点は全くそう思います。しかし、まだあの頃の松陰を生み出した時代から百年と少しぐらいですから、そこらの時代のどろどろしたものが、われわれの意識の中にも残っていて、司馬さんのおっしゃるようにグローバルな意味で見られないんですよ。

松陰の場合、どうしてもそういった天皇論が一つの攻撃のポイントになりますし、もう一つは彼の「侵略論」、ああいう人間をなんで尊敬できるかという、いろいろ困る発想が出てくるんですよ。困ったものだとしか言えないんですが。

錯綜する松陰の軌跡

司馬　江戸末期において、世界の現実を知らずして国家論を作り上げた人間の悲劇がここにあると思うんです。この狭い松陰の国家論をそのまま権力への欲得でもって引継いだ明治以降の政権にむしろ問題があるんであって、松陰に罪をかぶせるのは、思想家として遇する上では気の毒みたいですね。

橋川　そんなことを言ったら、人間の歴史の中に現われた無数の思想家は簡単に批判できますからね。

司馬　松陰の場合少し弁護しますと、江戸時代と江戸時代以前も含めて、天皇好きというのはつまりは公家好きですね。幕末などでも、兵を挙げる時は必ず公家のはしくれ、例えば、中山忠光などをかつぎ上げて、ここに錦の御旗があると考える天皇好きというのがありますね。ただ松陰自身は現実のナマの公家を馬鹿にしていることは確かなんです。ところが天皇も現実にはそのナマな公家でしょう。だけど思考の世界では天皇だけは別にして、天皇という抽象の一点を作り上げることによって、松陰は自分の国家論をまず作った。単なる天皇好きとか公家好きではなかった。その意味で松陰というのは、時勢から超越したところがあったと言えないでしょうか。

橋川　なるほどね。だいたい松陰の場合は日本の歴史、古典というものはほとんど知らなかったわけで、水戸で水戸学の連中に吹き込まれて、はじめて猛烈な勢いで勉強を始めたわけですね。以前にはおそらく天皇というイメージは、彼の思考の中ではいわば周辺部分にあって、中心部分には登場していないはずなんです。その段階から数年後に、いわば天皇制思考の原点といわれるくらいに熱烈な天皇中心思想というフィクション、こういうものを作り出してくる。しかも、松陰の思想変化というのは、非常に目まぐるしいところがあって、論理的に辿ろうとすると、一元論的に展開しないで、彼のもとの素養なり、感受性がそのまま生きているところが多分にあります。それが最後までからみ合いながら、つまり敬慕思想と倒幕思想というか、天皇崇拝とさっきおっしゃった公家勢力に対する一種の蔑視、こんなものが三つ巴、四つ巴になりながら最後の死にまで流れ込んでいるところがある。そこらも人によっては議論があるらしいんですね。

松陰は倒幕論者ではなかったことを主張する人もありましたし、普通はそんなことはない、天皇中心で、例の黙霖なんかの影響もあるし、倒幕に踏切っているという見方なんですが、そういう簡単なこともよくわからないくらいに、彼の短かい生涯の思想は、論理的に言うとよくわからない形のまま最後の結着にきてしまうという印象があるんです。

司馬　松陰が成立するのは、大ざっぱに言えば、外圧による松陰という思想家の成立ですから、外圧をどう防ぐかというのが、松陰の苦心惨憺するところでしょう。ですから外圧を防ぐには統一国家を作った方がよろしいとは、松陰はにわかには考えないようですね。晩年にひょいと考えただけで、その意味では松陰は革命家ではなかったかも知れませんね。少なくともはっきりした倒幕ではなく、幕府を是正する、幕府は認めるが幕府官僚によくないヤツがいるから、それを切るという意味での倒幕であって、天皇政権を作り上げるというところまではなかなかいっていない。いく一歩手前なんですが、もし松陰が倒幕を考える場合に、純粋な意味で倒幕天皇政権の成立という一種の明治の革命方式を考えるとしたら、窮極的には毛利家を否定することになるんではないかという心配が、当時はまだ変動期でも初動的な段階だったですからあったわけです。

毛利家も幕藩体制の一つであって、自分は毛利家の家臣であるというのが、彼のモラルの非常に大事な部分ですから、この点では松陰の国家論というのはなかなか複雑で、時務論に押し流されていくところがありますね。スッキリといかないところがあるのは、なんといっても二十九歳ぐらいで死んだ人ですから、そのへんを過大に注文するのは無理なんですけれども、それを悩んでいくプロセスというのは松陰においては明快です。幕末の日本の歴史というのは、松陰を見ることによってはっきりすると思うんです。

やみくもに倒幕だといったのは、もう少し古い時代にはいるかも知れませんが、例えば、高山彦九郎という奇人で、これは倒幕論者かどうか知りませんが、あまり幕府というものを考えなかったようです。しかし、幕末におけるれっきとした藩士ではっきりと庶民を牧する責任を持っている立場の人では、いきなり幕藩体制を否定するというわけにはいかないでしょうね。

私はむしろ天皇の問題を、松陰が現実の危機打開策として、こういう革命方式があるんじゃないかといって天皇中心にした親政を考えたと思うんです。ただ、そこで一君万民ということを松陰がはっきりと指摘しなかったという意味では、松陰は煮え切らないぐらいですね。彼以降の人は、そのへんスラリとやるわけですが、松陰はそこまで行かなかった。ただ、日本は武家政権が委託をされて武備を担当するんだという意識は明快にあったようですね。このあたりは歴史的なデテールであって、たいしたことはないですね。やはり松陰を考える上では、器質、思想家としての器質はどうだったかということで考えた方がよさそうに思います。

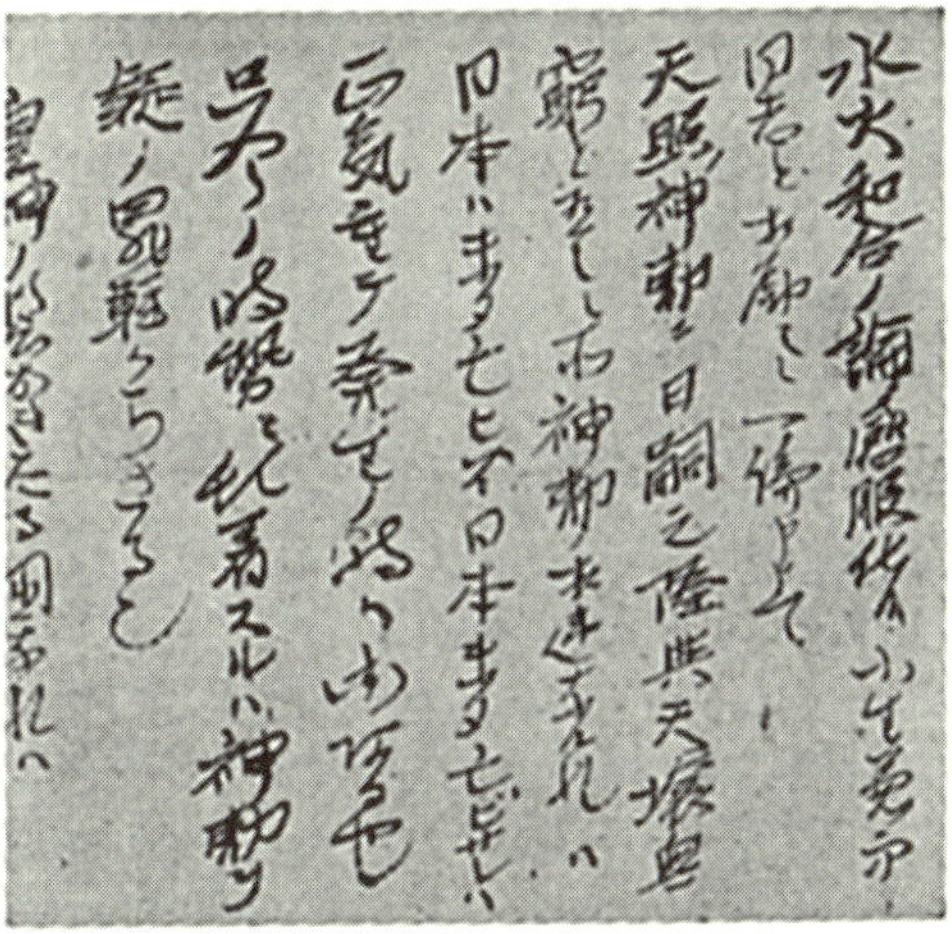

堀江克之助宛書簡

橋川　そうしないと、いつまでたってもあれやこれやの議論がいろいろ出るだけであって、肝心なことを松陰から知るためには、役に立たないということになりそうですね、当分は。

司馬　松陰が、こんな絶望的な状況になっては、ナポレオンを地下から呼び起こして、フレーヘード（自由）を呼ばざるべからず、と言うのは、彼のヒステリックな発想であり、ナポレオンというのは人民の世の中を作ったんだという一つの錯誤があって、そこからもあまり世界のことを知らなかった松陰ということが考えられるわけです。が、それで松陰論を考えるのはおかしいんで、むしろ器としての思想がどうだったかということを考える方が、松陰という人により接近することができるんじゃないでしょうか。

松陰を語る

松陰の思想の論理と倫理

松本三之介
橋川文三

松陰像へのアプローチ

松本　私は現代の松陰像については、具体的によく知らないんですけれども、たとえば三島由紀夫によって受けとめられた松陰あたりが、最近の典型的な例かと思うんですが……。

松陰というのは、日本の歴史上の人物の中で、非常に好かれるというか、日本人の泣き所を持っている人物だと思うんです。最近、松陰の名前がいろいろと出てくるのは、思想というよりは、松陰の持っている人間性なり、パーソナリティが、日本人にとって好ましい人間像としての、最大公約数みたいなものを備えているからじゃないかと思うんです。

つまり、松陰は人間の善意を、どんな状況下でもとことん信ずるような側面を持っていますね。その点が私にはどうも気になるのです。私はむしろ政治を殊更、心情倫理と切離して考えることを強調したいのです。そういう点からすると、松陰的な人間像というのは、どうも政治的実践者としては、必ずしも以って範とするに足る人間だとは思えませんが、政治をたえず倫理的な視点から捉える傾向の強い日本では、常に誠意というものを信じ、どんな状況下でも「かくすればかくなるものと知りながら　やむにやまれぬ大和魂」という形で、その信ずるところに従って自己の実践の形態を選択していく人物は、非常に主体性のある人間だということになっているんだと思うんです。

徳富蘇峰は明治二十六年に『吉田松陰』という書物を書いてますね。その中で蘇峰は、松陰を「維新革命における一箇の革命的急先鋒」とか「革命家」とかいう捉え方をしていますが、確かに松陰は日本の革命家の一つのパターンではあろうと思います。そこにはパトス的な人間が革命家であるという通念があると思うんですが、そういう革命家像の原型をなしている面がある。そこに松陰の永遠の魅力みたいなものがあるように思うんです。

橋川　大まかに言って、明治初期の松陰像は蘇峰を含めてまさに革命家松陰ですね。ところが明治国家が安定期に入ると、革命の要素は後退し、いわゆる勤皇史観に基づく維新精神の化身ということになり、あるいは純粋な誠意によって人を動かした殉国の教育者という形になって、いずれも国家体制の中に安全に吸収されてしまう。そして最後には単なる誠心誠意の人物という無内容な模範として教科書に封じこめられる。

つまり松陰像というものは、革命という本質が空虚になるにしたがって、もはや復原が不可能なほどに曖昧化してしまったのではないか。もとはかなりハッキリしていたのが、今になっては原松陰像というものを掘り出すことには、かなり困難がともなうほどになっているんじゃないか。だからわれわれが具体的に松陰像をつくり上げようとする時にも、いろんな点で行詰ったり、矛盾したりすることになるんだと思うんです。

松本　人間そのものとしては、松陰はたえず思い起こされるような契機を持っていますけれど、松陰という人間に付着した思想ということになると、一言では整理しきれない複雑なものがある。つまり、松陰の思想というのは、その生涯をとってみても時期的に推移ないしは転換を経ているように思いますし、思想内容から言っても、多くの矛盾を含んだ思想家だと思います。『講孟余話』の評価にしても、結論的にいえば、明治以降の天皇制国家の重要なイデオロギー的支柱になるような側面と、諫争諫死の精神などに表われているような主体的実践者の自立精神、つまり伝統的な思想状況の中から、近代的個人の主体的精神に代りうるものとして注目される側面と、両方の面を指摘できると思います。

橋川　まとまった思想的著作としては結局『講孟余話』ということになりますかね。

松本　そうですね。一応主著としては、『講孟余話』『武教全書講録』あたりですか。とりわけ思想的なものとしては、『講孟余話』でしょうね。

橋川　松陰の生涯は短かいですが、二十歳頃から思想と情操の屈折が非常に激しいし、行動もまたそれにあわせて激しく揺いでいる。『講孟余話』は彼の思想がある程度成熟したはずの段階で語られていますが、その『講孟余話』の中に、それ以前に彼が歩んだ実にさまざまな矛盾がそのまま反映しているようなところがあって、そこが大変面白いと思います。

パトスの世界への傾斜

松本　主体性が問題になるのは、当然、所与の現実に対して人間が働きかける、つまり実践ということと関連して出てくると思うんです。そうした場合、理論というのは一つの行動に方向を与える機能を果たすかもしれないが、行動力というか、そのエネルギー源となるのは、非合理的なパトスとか情念とかいうものだと思うんです。つまり主体的な実践というのは、現実の壁に立ち向うだけの強靱な精神すなわちパトスと、他方ではそうしたエネルギーに方向づけを与える理論なり、的確な状況認識に基礎づけられた有効な技術なりが必要だと思うんです。だから一種のパトスと同時に、ロゴスというか、情念と同時に一種の技術が必要だと思うんですけれども、日本では、主体性とか実践とかが問題になると、そのうちのどちらかの側に引き寄せられて語られてしまうと思うんです。

松陰の場合には、パトスの持主として取上げられていると思うんですが、松陰も歴史的に見ればば佐久間象山の弟子でもある。初期においては、西洋の兵学を評価する場合にも、それは実験によって裏づけられた学問であるという、実証的な、現実に対する有効性という視点があって、前に言った技術論的なものの持つ意味をちゃんと押えている人物です。時期的にたどっていくと、それがだんだんパトスによってのみ込まれてしまって、最後には、状況の中で有効な行動を選択しようというような発想は、濡れ手で粟をつかむような安易な精神だとしてこれを批判する、そういう方向にいきます。

問題は松陰の中にある技術論的なものと、情念的なものが、前期と後期で、松陰自身の中で占めるウエイトが変化していくのか、それとも一貫してそれらが組合わされてあったと見ることができるのか、ここらに松陰評価の分岐点があると思うんです。

橋川　その転機というのはどこからですか。

松本　私は、松陰の中に二つの転機があったと思うんです。一つは安政元年、密航を企てて挫折し、投獄される時点。もう一つは安政五年ですね。つまり幕府がアメリカとの通商条約の締結に踏み切って違勅調印という決断をする時期にあたるわけですが、この二つが、彼の思想の歴史の流れの中で、ある違った色合が出てくる時期だと思うんです。

橋川　確かに安政五年あたりから、ちょっとこれはついていけないという気持にさせるような狂気めいた発言や行動が多くなってくるわけで、密航踏海の失敗前後まではちがう印象ですね。じつにパテティッシュでもあるし（例のスチーブンスンも感動しているように）若い日本の知識人的志士として、知識を求め、行動を求めるというそのバランスがみごとにとれているわけですけれども、在獄中にそのバランスがどこか狂ってくるような感じがしますね。

松本　あれだけの激動の時代に、四年も五年も幽囚生活をおくるのですから、誰でも多少とも頭にくるでしょうね。非常にヒステリックな精神状態が、安政五年以降には出てきますね。

橋川　松陰は猛烈な読書人で、その意味で観念的だったともいえますが、同時に実験の精神というか、物ごとを実際に見、観察し、現実に役立てるという意識も強烈だった。それがしまいにパトス的になりきってしまうという構造が、あまりよくわからないんですけれどもね。彼は本来的にパトス的な人間だったんじゃないかという気がすることもあるんです。つまり彼は兵学者として、サイエンスの追究に少年時代から打ち込んでるわけで、その限りでは合理的な、サイエンティフィックな思考法を身につけている。海外渡航の前提となるオランダ語の勉強なんかもそうです。そういう線がのびのびと伸びていけば、近代日本の先駆的思想家として記憶されることになったはずではないかと思うんですけれども、それがそうは簡単にはいかない。

それでいつも思うんですが、江戸へ来た頃から従来の自己の学問を疑い始めますね。俺のやってることは、すべて文字の遊びにすぎない。これでは歴史の要請になんらこたえられないという意識が強くなりますね。まさにシュトゥルム・ウント・ドランクというべきその意識が最後まで彼につきまとったんじゃなかろうか。つまり自己の実存の追求が極端に純粋化されて行ったということじゃないかと思うんです。

幕末においてはこういう姿勢そのものがパテティッシュであるわけですが、それが彼をして経学よりもむしろ歴史へと傾かせ、ひいては主体的パトスの世界へいっそう傾かせたのではないか。たとえば彼はよく旅行しますね。勉強しながら実際に物を見て歩く。しかし、どうもそれが本来の科学者としての見方じゃないわけです。庶民とか、地理、風俗を観察するにしても、物そのものに触れてはいないような姿勢があるわけです。そして彼は、それをたえず意識していたんではないだろうかという気がするんです。彼が庶民像ないし、後の有名な「草莽崛起」をイメージに浮べた時でも、彼自身はその「草莽」に触れ得ていないという、一種の抑圧された自己認識がいだかれていて、逆にそういう衝迫をつよめたので、リアルな民衆像をもっていたのではないと思うんです。

松陰におけるヒューマン・センスの問題

松本　話が変りますが、松陰が陽明学であるかどうかよく問題になるでしょう。三島の問題についてもいわれますね。

松陰は確かに陽明学については、かなり好意的なことを言ってますね。『伝習録』や李卓吾の

『焚書』を読んだとか、大塩平八郎の『洗心洞箚記』を読んだとか、そういうものが自分の真とするところにあたっていると言っていますね。しかし私は幕末の思想の特色は、その思想形成が既成の朱子学とか陽明学とか国学とかいう学派にとらわれず、それらを横断して行なわれている点にあると思うんで、その意味で既成の学派的学問から離脱していくということは……。

橋川　松陰に限らないわけだ。

松本　そうです。松陰も嘉永の頃でしたか、学問の弊害を二つ挙げている。一つは思わざるの弊である、つまり博覧強記の学や詩文の学ですね。もう一つは学ばざるの弊、つまり高義虚論と言ってますが、高尚な議論とか、議論のための議論をやっているような朱子学などをいうんでしょうが。こういう既成の学問についての批判に見られるように、学問を実際の社会の中に引きおろしてくるという傾向が、確かに初期の松陰にはあったと思うんです。

それから民衆とのつながりということでいうと、「草莽崛起」論の評価にかかわる問題ですが、あの草莽というのは民衆の生活と密着した自分を対象化した言葉かというと、必ずしもそうばかり言えないところもあり、その点私は疑問に思うんです。

ただ、民衆との関連でいいますと、松陰が嘉永六年ぐらいですが、南部一揆の頃なんですけれども、海防論と民政論というのは、二つながら追求していかねばならない。海防論ばかり言っているのはおかしい。夷狄といえども、現代風に言えば民衆福祉政策みたいなものを重視して、民心の把握に努力を払っているんだ、と民政の重要性を非常に強調している時期があるんですね。あれは突然変異的なのか……、松陰の思想の中でどういう位置づけになるんでしょう。

橋川　その点、松陰像一般の問題になりますが、たとえば彼が非常にヒューマンな人間だというイメージと、ヒューマンだけれども、その前提となる現実感覚の次元がかなり異常である、そういう意味で通常のヒューマンとはいえないという面があるわけです。

福祉政策に関する発言や、特に女性とか未解放部落の人たちへの自然なやさしさなどを見ると、当時の知識人としては、抜群にヒューマンな存在だというふうに思えるわけです。しかしそういうヒューマンなものが、結局は『講孟余話』の激越さや、晩年の松陰のあのラジカルな生き方に結びつかなければならないということになると、それ以前のほとんど女性的なほどにやさしい人間的なセンスの本体は一体なんだったのかが問題になるということです。

松本　確かにそれは一つの問題ですね。

橋川　松陰におけるヒューマン・センスの問題、これと『講孟余話』の中心問題である天道と国体の関係、いいかえると忠誠論ということにもなりますが、それが裏腹になっているんじゃないか。どちらにも普通の人間的思考を超えたところがある。

つまり、山県太華の論議がヒューマンで、誰でも納得できる公明正大な議論だという面があって、それに対していえば、松陰のはむしろ固執的な狭隘さが目立って、その限りでは公正でもヒユーマンでもないわけです。

太華との論争の意味するもの

松本　私が前に『講孟余話』での松陰と太華の論争を取上げたのは、結論的に言えば、伝統的な朱子学の立場を頑固に守った太華の中に、いま問題になっている言葉で言うと、日本における政治の中での一種のヒューマンな民衆へのアプローチといったものが逆に出てきているのではないかということを、「天下」という概念の捉え方の違いを通して考えてみようということだったんです。

それは、「天下は天下の天下」という太華の考え方と、「天下は一人の天下」という松陰の考え方の対立の上で形づくられている論争です。この二つの命題の意味するものは、「天下」を統治する君主の正統性の問題、別の言い方をしてみれば、君主に対する臣下の忠誠義務の問題をめぐる見解の対立を表現したものだと思うんです。

山県太華によれば、「君臣義あり」といわれる君臣関係というものは、けっして家臣の主君に対する無条件的な忠誠の関係ではなくして、家臣の忠誠義務は同時に君主が君たる道、または君主としての職を、いかに実行するかということによって条件づけられている、いわば双務的な関係であるという考え方です。

そこで君道という考え方、君主たる職分という考え方が出てきているわけですが……。

君主たる職分なり、君道というのは、一口でいえば王道になるわけですけれども、民衆をして生に安んぜしめるという政治の実績をあげるかどうかということ、今日の政治学の言葉でいえば、結果責任をたえず君主は負わなければいけない。そして天変地異があって、民衆が塗炭の苦しみに陥るというようなことも、君主の徳が失なわれて、天命が離れた証拠だという考え方になるわけです。

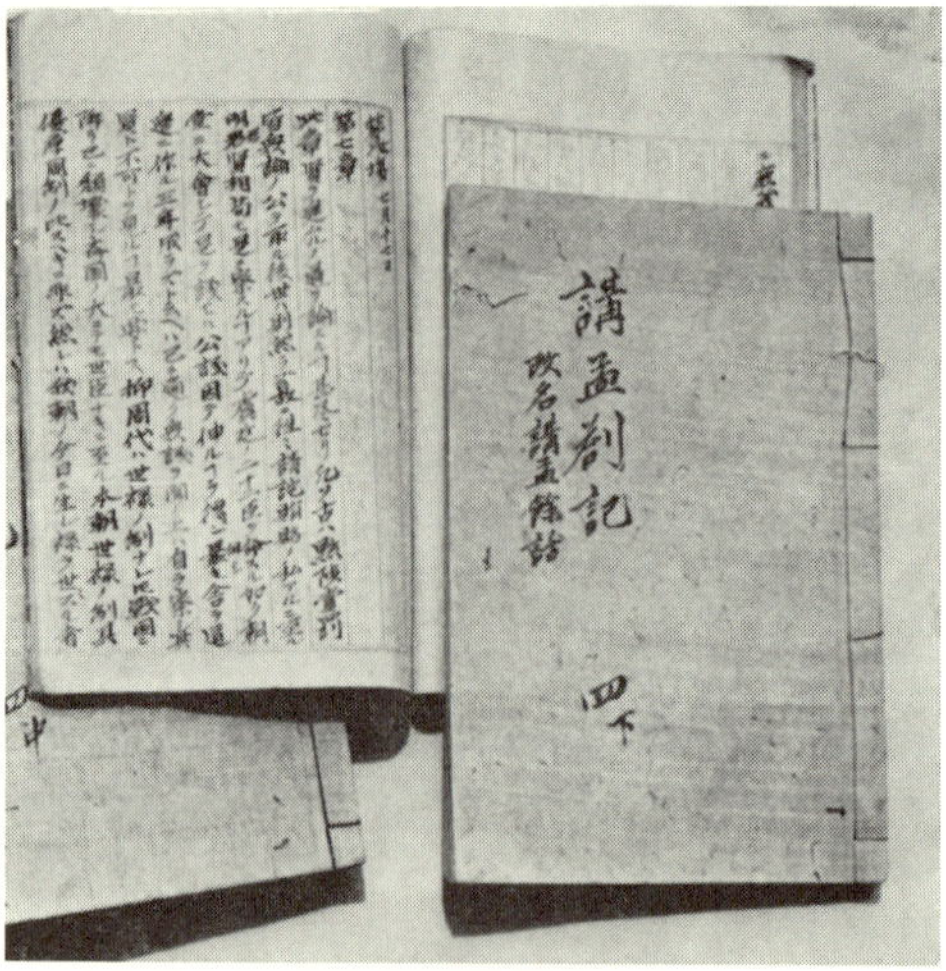
講孟餘話自筆原本

だから天という観念は、徳川時代の儒教の観念からすると、往々にしてきわめて抽象的、普遍的な観念と考えられがちなんだけれども、実はこの天というのはきわめて活々とした観念で、たとえば一人一人の民衆が安んじて生活を行なっているかどうか、怨嗟の声が天下に満々ているというような、そんな状態になっていないかどうか、ということによって、天の意志というものがはかられるという面があるわけです。だから「天は心なし、民心を心とす」とか「天は言わず、行と事とをもってこれを示すのみ」とかいういい方が出てくるんです。

つまり、天という抽象的な観念は、抽象的であるがゆえに、逆に具体的な歴史的状況の中で、民衆はどういう生活をおくっているか、人心の向背いかんということによって表現されているという逆説があると思うんです。そこで、君主が支配しているこの天下というものは、天下の民心の動向によって、じつは君主たる地位も保たるべきか、それとも奪われるのが正当であるかという基準が生まれてくるという考え方ですね。

そこに非常に政治を実績や結果によってとらえ、生々しい民衆の生活感覚を政治の中に取込んでいくロジックが用意されていると思うんです。

橋川　儒教そのものとはいえないでしょうが、それは現代でも生きている政治論だと思います。天もかつては人格神的な存在だったかもしれませんけれども、それが原始的な礼拝対象ではなく、現実の政治を動かす原理としてとらえ直されていく、その発展が中国政治思想のある骨組になっている。これはたいへんみごとな展開だと思うんですよ。そしてついに天の意志（天命）は民衆の中にあらわれるという民本的な政治批判の原理として構成されるようになってくるという段階をとっている。

ところが日本の場合は、そういう段階を通ることがなかった。自然崇拝と祖先崇拝とが未分離のままで来たようなところがある。普遍的な「天」の理念があげ底になっている。そういう間隙をついて噴出してきたようなのが国学であり、松陰の思想である……これは少し無責任な感想ですがね。

絶対化された君臣関係と諫死の精神

松本 松陰のほうは、「天下は天下の天下にあらず、一人の天下なり」ということですね。いま説明したような太華の君臣関係は、家臣の忠誠義務というものは、君主が君道を行なうかどうかということによって、条件づけられるような双務的なものだということですね。これに対して松陰の場合には、一人の天下だということは、君臣関係というものは永遠的、無条件的なものであるということです。

松陰は、「凡そ君と父とは其義一なり」と言って、君臣関係というものは親子の関係と同じように絶対的なものだと考えるわけです。確かに儒教でいう君臣関係は双務的な性格を持っている。そういうものが、あらゆる時、あらゆる場所でのすべての君臣関係について普遍的に妥当すると儒教は説いているけれども、松陰は、それは間違いだと考えるわけです。

つまり「君臣義あり」という命題は普遍的——それを松陰は「同」というカテゴリーで説明する——ですが、その内実は時代や国や地域によってそれぞれ独特なあり方を示す。松陰はこれを「独」というカテゴリーで説明するのですね。

そして中国では、双務的な君臣関係を特色としているけれども、日本においては全く質を異にした独自の君臣観念がある、それは君主の地位は無条件的なものであるということですね。したがって、松陰にいわせれば家臣の忠誠観念の真髄はどこにあるかと言うと、賢明な君主に仕えることは誰にでもできるのであって、むしろ暗愚なる君主にいかに忠誠を尽くすかということの中に、真の忠誠というものがあるんだ。

これはちょうど頑固なおやじに孝養を尽くすことの中に、ほんとうの孝行があるのと同じだと言っている。そこから松陰の諫争とか諫死という、自分の正しいと信ずることは、あくまでも主君に訴える。最後には、死をもってしても訴えるという極限的な行動が出てくるんだと思うんです。それは、既存の権威に向って、自己の信ずるところを貫徹するという、きわめて主体的な精神にかかわるものだという評価が出てくるわけですね。だけどいまのような君臣観念からいいますと、そういう諫死という極限的な実践を彼が主張するということは、逆にいうと、君臣関係の絶対性というものがあるからこそ、最後は死をもって諫めるという行動が、極限形態として出てくるわけなんですね。
だから、一見主体的なこの諫死諫争の精神は、君臣関係を絶対化するという点とセットになって出てくるわけなんで、諫争の精神の方だけを取出してきて、主体的な精神に代替するものとして評価することができるのかという疑問を持つわけなんです。

橋川　そこが一番むずかしいんですね。「死」を回避しないほどの主体性が、没我的な絶対的服従から出てくるという関係ですね。
その前に話がかわりますが、道を同とし、国体を独というのは、非常にうまいカテゴリーだと思うんですが、あれは中国にあったものでしょうか、どうもそんな感じがするんですけれども。

松本　言葉使いからいうと、松陰があそこで考え出したものでなくて、もともとあるような感じですね。

橋川　非常にみごとに思想史上のある普遍的な問題を表現していると思うんですよ。「道は天下公共の道にして、いわゆる同なり」、それから「国体は一国の体にして、いわゆる独なり」というとらえ方は、かなり大きな問題を包括しうるんじゃないかと思います。
勝手な感想をいわせてもらいますと、「道は天下公共の道にして、いわゆる同なり」、これは実にいい言葉だと思うんです。こういう思想がなければ、ベトナム戦争を否定することもできないと思うし、公害だって否定できませんよ。ストックホルム会議に「大同」というグループが行ったでしょう。あれは明らかに中国の大同思想を踏まえた名前ですね。そういう大きなひろがりを持つのが、同という思想だと思うんです。ところが、そんなふうに感じる私自身の中に、反面では「国体は一国の体にして、いわゆる独なり」という独という発想に強くひかれる面がある。同が堕落すれば、形をかえた単なる画一的同調主義ですからね。

松陰思想の二面性

橋川　独というのは、まさに実存的な投企ともいうべき要素を含んでいるわけなんです。そしてそれにも非常な魅力を感じるんです。まあこれは勝手な読み込みかも知れませんが、太華との論争を見ていると、松陰自身は同を知っている。それにもかかわらず独を強調している。その証拠に孟子なら孟子の思想や論理はすべて採用するわけです。それで好ましい主君に仕えるために放浪したのがけしからんということだけなんです、文句をつけているのは。

　そればかりじゃなくて、現実の政治については、同の論理を認めているわけで、将軍家の場合は王道主義の論理で倒してよろしい、放伐してよろしいという。ただ天皇との君臣関係は違うんだという。天皇が出てくると、中国風の政治的リアリズム、王道思想や同の論理は意味がない、ここは独だというふうになっているんです。

まさにパトスの面においては独なんですよ。ロゴスの面においては『講孟余話』でも同を認めているように見えるんです。全体としては独のほうを強調する傾向が強いんですが、中国の政治哲学をふまえていることは確かなんですね。

松本　なるほど、パトスの前では独で、ロゴスの面では同だというのは面白い見方ですね。私はもっと抽象的な読み方をして、同というのは唯名論（ノミナリスムス）で、独というのは実存論（レアリスムス）、それが普遍と個別との観念を松陰においては形づくっていると考えたのですが……。

橋川　個別への傾斜が非常に強いことは確かですよ。ただどうしても儒教古典の教養にもとづく観念とか論理展開とかが軸になっているように見える。独を強調する場合の、彼の知識的な裏づけとか展開は、あまりないわけです。日本の国学の引用さえないし、水戸学だって引用されていない。むしろ彼の個性的選択として独は強調されているという感じがして……。そしてそういう場合に語気が激しくなるんです。そういうところを強調するときに、特に目立って激越で挑発的な口調で太華を非難するわけです。「もったいなくはないか」というような、脅すような言葉使いに変わってくるわけです。

松本　私は松陰の歴史意識ですか、そういうようなものに引き寄せて理解していたんですよ。

つまり従来、「君臣義あり」といった場合に、普遍的であるというのは、たとえば天下に君たるものに対しても、一国に君たるものに対しても、一郡一村に長たるものに対しても、あらゆる君臣主従関係に一律に、一義的に妥当するところの原理であるという考え方ですね。

橋川　支配者と被支配者……。

松本　上と下の関係に等しく妥当するものであるという考え方ですね。したがって天下に君たるものと、一国に君たるものとの違いは、ただそれに従うものの量的な違い、あるいはその権威が妥当する地域的な広さの違いであるにすぎない。君臣の義という、その義というものを中心に、ただ同心円みたいに広がっているだけで、そこの違いは量的な違いであるにすぎないわけです。

松陰は独といった場合に、中国と日本という、ただ地域の違いではなくて、そこに質の違いがあり、同じ日本の中でも、いまおっしゃったように、幕府と藩主との間、幕府と陪臣との間の君臣関係と、藩主と藩士との君臣関係とは質的に違うんだ。あるいは日本全体にしても、天皇に対する忠誠関係というのと、幕府に対する忠誠関係は質的に違う。それぞれ一国、一村、一郡みんな違うんだという考え方をとっているわけですね。そこに、君臣関係というものは、時と所によって質的な違いが出てきているんだ。異質なものを統括するものとして、道の観念でとらえられた義という観念があるんだと理解している。松陰が「道は総名なり」、つまり総括する名前だと言っているのは、そのことだと思います。

橋川　そうすると、松陰の独の思想を「進歩的」な意味合いでとらえていることになりますね。

松本　歴史的な感覚が出てきているという点においては進歩といっていいのかもしれないですね。個別という関係ができている点では、近代に近づいてきているのかもしれません。

橋川　中国は中国、日本は日本だという、歴史性、相対性の発見と強調だけなら問題ないんですけれども、これは国学の場合もそうだと思うんですけれども、どうもしまいには、日本こそ「世界万国の総本国」という、ああいうふうになりかねないのでね……。

松本　それが、中国は中国、日本は日本、それぞれそれでいいんだということではなくて、質的な違いが価値的な序列を形づくってくるでしょう。これも国学みたいなものと重なり合う部分だと思いますけれども。日本における独特の君臣関係、国体という観念、同じ君臣の義という道の観念の中でも、もっともすぐれたものであるというふうにですね。そしてそれを過去から伝統として受継いできているものが、日本の特殊性であり、優越性なのだという考え方をとるわけですね。だから、それぞれそれは価値を持っているという考え方ではなくて、中国的な君臣関係というのは、日本的な君臣関係からすると、より次元の低いものだ。これは「半季渡りの奴婢」すなわち年季奉公する奉公人みたいな君臣関係だという考え方をとっているわけです。

これは明らかに価値的には年季奉公的契約というものは低いものだという考え方があるわけです。それを歴史的な、相対的なものとしてとらえる、そういう歴史主義ではなくて、明らかにある価値の序列というものを置いているから、ドグマティズムになる側面があるんだと思いますけれども……。

橋川　杉浦明平さんがどうしても許せないのは松陰のそういう点ですね。中国では人民がまずあって、天の意志を反映している。そこで君主がある。ところが日本ではそうでない。つまり天皇があってはじめて人民があるんだという言葉があるわけですね。これには明平さんはヘドが出るというわけです。

ところが、『講孟余話』だけをとっても、そういうふうに解釈するものじゃないといって、私が持ち出そうとした論理は、松陰には普遍と特殊がある。しかしその特殊の中にもちろん普遍の論理は有効に生きている。そして特殊というものを強調する松陰の中には、非常に緊張した、いわば決断主義的な姿勢があって、そこからそういう発言になっているんだ。これを後世の天皇絶対という考え方と同じに見られては困るというふうに弁明しようとしたんだけれども、明平さんは頑として認めない。（笑）

松陰における国体観念

松本　そういう意味での普遍と特殊については、私はむしろ太華の「天」の観念をめぐって感じましたね。天とか天下という普遍的な概念を前提としながら、何が天下であるか、何が天であるかとなると、きわめて個別的な、歴史的、経験的な世界での具体的事象から内容を持ってくる。むしろその点に、私は普遍と特殊のダイナミックなからみ合いを感じたわけです。

天の観念をめぐる普遍と個別とのからみ合いというのは、徳川時代の儒教には常にあったものではなくて、むしろ幕末になって前面に出てきたように思います。それ以前の儒教の思想では、むしろ天というようなものは、民衆の生活感覚によって内容をうずめられるような、そういう性格のものではなく、天というのは天理であるという規範的な観念としてとらえられているわけです。

そして天理の内容は何かといえば、身分道徳ですね。つまり身分的な秩序が天の名によってオーソライズされるという、全く保守的な性格を持っていたわけですけれども、幕末になると天というものは民衆が具体的に安んじて日常生活を享受しているかどうか、あるいは民心がどちらを向いているかということが天の意志や心の表象と考えられる。水戸学でもそういう考え方をとってきているわけです。幕末の動乱的状況が思想にさまざまな変革を強いるわけなのでしょうが、その場合松陰のような新しい急進的な思想形態の中からよりは、むしろ主観的には伝統的思想を忠実に遵奉している太華みたいな人の思想の中に、かえってより近代に接近した思考方法が生れている点に、伝統の読みかえのおもしろさというものを感じたわけです。

橋川　確かに幕末になって、儒教の天の理念そのものが明治以降の状況にも適応できる公議公論という原理に読みかえられていった。そういう変化の形式もあったし、もう一方は逆に伝統儒教への幻滅から猛烈なストレスにおちいり、大橋訥庵みたいに不毛な憤怒の塊りになるだけというのもある。

つまり、伝統的な思想というのは、幕末にさまざまな形で変容し、他の要素とも結びついて複雑な反応を起こすということになっていますが、ジャンセンも指摘しているように訥庵とか、塩谷宕陰のように、適応しきれないという例もあるわけです。

太華などは、確かに思想家としても明治以降生きのびてもうまく乗り切っていったでしょう。松陰もなんらかの意味で、古い思想からの変化や変容のある典型だということは確かなんですが、彼の場合にどこから国体の独という強い強調が出てきたのか、もう一つはっきりしないんですが。

宇都宮黙霖像

松本　だから、松陰の場合は枠組自体を取りかえてしまって、新しい枠組を持ってきた。太華の場合には、既存の枠組というものを頑固に維持しておきながら、状況に対応して読みかえるというか、状況の中で適応させていく、そういうやり方をしているわけだけれども、松陰の場合には国体観念という全く新しい観念を持ってきている。

橋川　どこからきたんでしょうかね。水戸学や国学との接触は確かにあったわけですが、どう読みとってそうなったのか。『講孟余話』になると、いきなり日本の神道者流の言葉が次々と出てくるわけですね。

考えられるのは、国学的なもの、ないしは彼独自に読んだ日本の古典の影響ですね。黙霖をとおして山県大弐の影響があるんじゃないかというのは、市井三郎さんの考えですね。そんなことを入れても、なおかつ『講孟余話』というのは独特な二重写しに見えます。ところで黙霖との出会いはどういう意味をもちますか。

松本　いまの『講孟余話』の独というか、国体という観念は、おそらく安政元年以降、日本の歴史を憑かれたように読み出しますね。それからきているると思います。だけど、例の黙霖との論争で、自分がいままで天朝を憂えたのは、夷狄に憤を発してのことであった。それは本来間違っていた、といいますね。だから、ああいう攘夷と尊皇との関係は、彼によれば尊皇こそが本であって、攘夷というのは末なんだ。だから、攘夷のために尊皇を考えることは本末転倒だ。つまり、尊皇はそれ自身が自己目的的なものだという考え方だと思います。それがまさに『講孟余話』における一人の天下という考え方につながるんだと思います。

橋川　同と独という考え方で、松本さんが書いていますが、このテーマは後の日本の主権論争を含めて、日本国家の本質、あるいは日本の天皇をどう考えるかという憲法上の問題にまで引き継がれていく。つまり太華的な立場は、公議公論から天皇制批判的なものへ、天皇機関説や民本的なものへとつながって行く。

松本　独は、つまり一人の天下というのはすべての正当性を天皇に帰着させていく考え方ですから、結局天皇制国家の有力な正当性観念になっていくわけですね。

橋川　そこでいつも気になるのは、松陰のほかならぬ弟子達が、明治国家体制、日本憲法体制を作り出しますね。そこでは同と独とが一種みごとな折衷的な統一の中にくみこまれている。伊藤博文の場合には、太華的な立場を制度化するという姿勢が強くて、これがいわゆる「密教的」主流として継承されていく。あの関係は皮肉なものだという気がするんですがね。

松本　松陰の弟子じゃないが、大久保などの場合に、有名な「非義の勅命は勅命にあらず」、長州征伐の時の言葉ですが、そこでも勅命という、いいかえれば天というものに対比できるような日本の一種の伝統世界における普遍概念だと思うんですが、「天下万民ごもっともと存じ奉り候てこそ、勅命と申すべく候えば……」という、ちょうど太華みたいな、民心の動向に支えられた天命というものが、はじめて真の普遍的な天命の名に価するという考え方に近い考え方を、勅命と公論の結びつけ方のなかでしていますね。

橋川　同じ長州で松陰的な天皇観を持ってた人はいますか。

松本　長州じゃありませんが、久留米藩の真木和泉などは、タイプとしてかなり松陰に近いでしょう。

橋川　タイプとしては、他にもいたかもしれませんが、おそらく鳥羽伏見か、維新前後に皆消えてゆくんですね。

松本　行動形態はラディカルですけれども状況に対する適応性を欠いているわけですから、大ていは自分の藩の権力なり権威それ自身に押しつぶされていくのですね。そこの使いわけをうまくやったほうが生き残って明治国家のリーダーになっていくわけで、前に言った変革へのパトスが同時に変革へのテクニックをともなっていたかどうか、状況に適応する目的合理性を持っていたかどうかということにも、私がこだわるのはそのためなんですけれども。

橋川　そういう点で、北一輝の場合が面白いと思うのは、彼は独の要素と同の要素を松陰とは違ったレベルと位相のもとに、再構成したような気がします。彼には同の要素は非常に強いわけです。にもかかわらず、独としてのシンボル、天皇の統一力への待望も非常に強いわけですね。その矛盾した結びつきが、松陰の場合とどこか似ているような気がする。

いずれも歴史上、そのままでは有効性を発揮し得なかったという点でも似ている気がするんですが、ただ北は日本の国体論というのを全面的に否定しますね。ある意味では太華の立場です。太華と非常に似た言葉を、北一輝の文章に見い出すことは容易にできます。たとえば、日本の国体だけが特殊な発展をするというそんな馬鹿な、非科学的な考え方があるものか、そんなのは土人部落の迷信だと強調するでしょう。ところが反面、天皇というものを、独であるとともに同のシンボルというようにとらえ、天皇と国民の一体化という把え方に立ってその使命を強調する。このあたりは、北のほうが松陰よりもずっと老獪かもしれない。

松本　松陰の場合にも、日本における君臣関係の原理が中国のそれと比べた場合、価値的に優越するという考えはありましたが、北のように日本的な独を普遍化するというか、他の政治社会の原理にまで及ぼしていく方向を持っていたかどうか。

橋川　松陰の場合には、せいぜい中国政治の論理というのは日本のよりも一段下だと強調するけれども、日本の独の論理が普遍的だということを押しつけようという表現は顕在化はしていない。時代の相違ですね。

それから国学の影響というのが、あまりよくわからない。松陰はなんといっても儒教的な教養をたたき込まれているでしょう。国学は比較的後期の段階ですし、そしてやはり彼らしい行動の追求という姿勢で取組んだもので、基本的には宣長なんかの学問的な方法のニュアンスはわからなかったという気がするんです。つまり、『講孟余話』などに表われているような、かなり一本気な天皇崇拝の発想というだけのもんじゃなかったか。もし、そうでないなら、日本人の言葉や心の表現について日本人の美の感覚について、とにかく言葉の問題がどこかに出てこなければおかしいと思うんだ。余裕もチャンスもなかっただろうけど、そこらあたりがかなり飛ばされているような気がします。

松本　多少極端な言い方をすれば、国学者の中でも宣長をそういう方法論的な次元にまで深めて、ちゃんと捉えた人間がいたかというと、まずいなかったと思うんです。歌学とか、神道論とか、国語学とか、古典学とか、宣長によって大成された国学の個別的な影響力というものは確かに大きかったでしょうけれども……。

松陰の魅力の源泉

橋川　とにかく『講孟余話』というのは非常に面白いですね。われわれが松陰と同じ位、中国の古典の知識を持っていたら、政治思想入門の非常にいいテキストになる本だと思うんです。それから、松陰の魅力ということでいえば、最初の問題にかえるかも知れないが、一種の理想、倫理ないしは真実、それを貫くに、一つの誠をもってするという、そうした意味じゃ俗っぽさがまるでないですね。生き方としては精神主義的といってもいいし観念的あるいは実存的とさえいってもいいものが一貫している。だから政治家としても、革命家としても、彼はなんらの功業を達成していないにもかかわらず、そこがまたいいんだという受取り方が日本人には多いわけですね。その魅力がいつまで続いていくか。西郷の場合も似ているが、どこか違う。

松本　松陰の場合は、自分で作り上げた抽象人というか、観念人、普遍人というものに対して、みずから非常に熱っぽく訴えていく、そしてその普遍人と具体的な人間が、いつか重なり合うはずだというものがあった。それだけに非常に純粋なものを感じさせるが、西郷の場合は、もっと肌と肌とのすれ合う中で作られた感情の交流の中に、彼の考える天の精神というものを感じとっている。その意味で非常にスキンシップなものが強い。松陰のほうは蒸留水的な人間をたえず念頭においている。

橋川　「至誠にして動かざるものなし」と松陰に言われると、お前はなぜ動かないかと叱られているみたいですね。

松本　松陰の教育方針は、「俺についてこい」式の教育でしょう。つまり、必ず自分が先頭を切る。そうでなければ人間はついてこないものなんだという、そのあたりが受けるんでしょう。

橋川　人間の性善を信じて疑わないところに、どこか伝統教学の匂いが感じられますね。大久保や伊藤、山県だと、そういう残滓をふっ切ってしまった人間は味がないんで、普遍と特殊の間で矛盾をまともに表現している人間の激しさというのが、特に私たち日本人には感動を与えるんでしょう。しかもその内面的な苦闘を実に正直に表現していますね。それが非常にいいんじゃないかな。

松本　確かに時々刻々と変化する幕末の状況下で幽囚の生活を送る人間の孤高な精神のいらだちというようなものが、実に正直に出ている。

橋川　あのいらだちは、三島が自殺以前に表現したいらだちより鮮明です。三島も随分書いてますがね、三島のは、なにか芸術的に構成されつくした文章という印象を与えるが、松陰のは少し違う。むしろつきつめた拙劣さを思わせるような言葉だ。

松本　晩年、松陰が門人に与えた書簡の中に、「余りも余りも日本人が臆病になり切ったがむごいから、一人なりと死んで見せたら、朋友故舊生き残ったもの共も、少しは力を致して呉れようかと云う迄なり」という文章があるでしょう。あんな所が、なるほど三島事件と結びつけて考えたくなるところでしょう。

橋川　ただ、これは三島論になるんであまりいいたくないんですが、松陰が至誠と言った場合と、三島が至誠と言った場合と、どうも違うんですね。

松本　松陰の場合には、行動というのが一つの誠の表われとしてとらえられているわけで、至誠天に通ずるという場合でも、松陰の場合には必ず行動というものを媒介として、はじめて天に通じるという、そういう行動主義になるわけです。

突飛な類推ですけれども、大杉栄が「生の拡充」ということを言って、革命的行動を個人の生の創造・充実・拡張という芸術の文脈でとらえる考え方が、日本の革命観の中にありますね。たとえば「実行とは生の直接の活動である」として、大杉は「実行に伴う観照がある。観照に伴う恍惚がある。恍惚に伴う熱情がある。そしてこの熱情はさらに新しき実行を呼ぶ。そこにはもう単一な主観も、単一な客観もない。主観と客観とが合致する。これがレヴォリューショナリィとしての僕の法悦の境である。芸術の境である。」ということを言っています。松陰は、道徳的なパトスなんだけれども、そういうものとパターンとしてつながりがあるような気がするのですが……。

橋川　至誠、真心が人間を動かす、そしてそういう世界の実現を信じるというのは、つまりはひとつのアーティフィシャルなものですね。松陰はそういう世界があることを信じている。それを実現しようとする。そこに彼の行動とか決断が出てくるんで、いわば芸術美の世界に似てくる。その意味でのラジカリズムは、松陰を原型として最後は五・一五とか二・二六までできていると思うんです。青年将校の生き方というのは、非常に松陰的な生き方をモデルとして、これに追随するというところがあります。熱烈な松陰崇拝者が多いんですね。ただ彼らは組織というものを前提にしている。われわれは皇軍であって、既成の組織、いわゆる軍閥じゃないと区別していますけれども、どうもそこらが松陰とは違うという気がしてしまう。ただ、パターンとしては、松陰のパターンは伝わってはいると思います。

現代の学生運動の、ああいう直接行動主義の原型になるかどうかは、ちょっとデリケートな問題ですね。松陰の場合には、誠とその究極の対象としての天皇がある、いいかえれば日本の歴史の中に、普遍的一般者とは異なる屈折を含んだ独というものを発見しているわけですね。彼のパトスはそこから生れてる。だから、今の直接行動者一般が、松陰をそのままモデルにすることは、論理的な矛盾になりはしないかという気がする。

松本　それとも関連するんですが、松陰の思想の中には様々な可能性が含まれていると思うんです。つまり、それぞれの人がそれぞれの立場から、これだと手を打つようなものがある。だけど私が思想史を勉強してきたいままでの経験からすると、すぐれた思想家であればあるほど、常に思想というものが両刃の剣的なものであり、必ず両面がある。

だから、過去の思想を現代に生かすということの中には、常にそういう危険がつきまとうということを自覚して読むことが、私は必要だと思う。これは一般的にもいえることですけれど、松陰の場合は特にそうじゃないかと思う。

橋川　松陰を読む場合に言いたいことは、まず第一に、松陰だけを読んで何者かになろうという考えは好ましくない。

それから松陰を読むということは、当時の日本を読むことにつながるといってもいいわけです。松陰の関心は非常に広いわけです。場合によっては、彼はヨーロッパやアメリカに渡ったかもしれない。その時、彼は何を見たであろうかということまで含めて、松陰の書き残したものを読む必要があると思います。つまり小型の松陰なんかになったら、松陰はおそらく感心しないんじゃないかと思うんですよ。

松陰を語る

歴史における松陰の役割

桑原武夫
奈良本辰也

歴史の呼びだしを受けた松陰

奈良本　桑原先生がいままで松陰自身が書いたもの、あるいは松陰について書かれたのをお読みになっての感想といいますか、松陰という人間に対する印象はどういうところですか。

桑原　私は松陰については、おおむね食わず嫌いでした。今度少し読んでみて、決して嫌いじゃなくなりましたが、しかし松陰を好きという人間は嫌いです。奈良本先生も松陰をお好きな一人ですが、しかし奈良本さんを嫌いというわけではありません。（笑）松陰をかつぐのは嫌いです。露骨なことを言いましたけれど、それが私の真情ですね。そういうわけであまり読んではいなかった。もう少し詳しく言えば、吉田松陰という人のあたえた影響あるいは吉田松陰のある面――それが本質かどうかはわかりませんが――は、日本中心主義、そして皇国史観ですね。そういうものとつながっている。それが本人の真意かどうかは別として、そこがもっぱら私の若い頃からずっと強調されてきた。私は、自分で言うのもおかしいですが、錯覚と夢とを含めて、近代主義者ですから、松陰自身をよく知らぬうちに、その名において強調されたものに対する反撥はいつもあったわけです。それと松陰という人間には、日本人好みなところが多すぎるでしょう。

それがまた気になるわけですよ。

奈良本　松陰が若くして非業の死をとげたということも、日本人の心情にふれるのだと思います。

桑原　「呼びだしの声まつ外に今の世に待つべき事のなかりけるかな」という歌があるでしょう。これは芸術作品としてみたら、後半はことばの無駄が多いし、三十一文字の充実感は感じられない。松陰が、揚屋《あがりや》の中で呼び出しを受けるという人間としての極限にあって、泰然としてそれを歌った覚悟は立派ですが、歌としてはあまりうまくない。つまり美的芸術品としては格が低いと思います。芸術の格ですよ、思想の格ではなくて。

松陰はこの呼びだしの声を歴史の呼び声として聞いたんじゃないかと思います。彼は人世に生まれてきて、活躍し、仕事が済んで殺される。彼の演じたひとこまは、世界史の中のひとつの大芝居だと思いますね。もちろん明治維新は彼だけの業績ではありませんけれども。その明治維新という歴史上の事件にしても、おそらくいろんなことから必然化されていたのだとは思いますけれど、しかし、松陰が何回も言っていた言葉がありましたね。「待っていてはいけない」という、あれは大変いい言葉だと思います。

奈良本　手紙にあります。「革命とは……」というあの中に。主体的ということからいえば松陰ほど身をもってそれを示した人は少ないでしょう。

桑原　マルクス主義で、子供の頃よく聞かされたんですが、資本主義社会から社会主義社会になるのは歴史の必然である、と。しかし、それなら放っておいてもなるのかというと、そうはいかない。身を挺して転換をはかる人間が必要になる。つまり松陰が言う「吾が輩皆に先駆て死んで見せたら観感して起るものもあらん。夫れがなき程では何方時を待ちたりとて時はこぬなり」ということです。これはすごく面白い言葉で、世界史上、明治維新は後進日本として起こらざるを得ないんですが、その転換点に立ったために松陰は歴史の呼びだしを受けて出てきた。つまり死ぬために出てきたみたいな感じで、この場合、呼びだしの声というのは、刑場へ引かれる呼びだしの声と、もうひとつ牢獄のように暗い日本封建社会の中から歴史に呼びだされたという二つの意味があると思うんです。

奈良本　そういう革命家としての松陰と、いまひとつ教育者としての松陰像があると思いますが……。

桑原　私は松陰を教育家として無闇に感心するのは賛成ではないんです。たしかに高杉晋作や久坂玄瑞、伊藤博文や山県有朋、そのほか偉い人はたくさん出ている。各人の資質や能力に見合った教育をした結果だと思うんですが、ただ私はこれ位の教育を行なった人は日本に他にいないことはないと思うんです。

奈良本　松陰は獄中生活が長かったでしょう。その獄中で孟子を講じたりして、十数人もの囚

野山獄趾

人を全部改心させて、送り出している。これは世界史の中にもちょっといないんじゃないですか。

桑原　それはたいへんな感化力でしょうね。しかし服部之総だって獄中でヤクザの親分を感化している。

奈良本　それでそのやり方が、囚人のひとりひとりの能力を見てやってるんですね。これは俳句がうまいとか、これは漢文が出来るとか、これは字がうまいとか、それをひとつの起点として才能をひき出している。それで生きる自信を与えているということで、私はある意味では天性の教育者だろうと思うんです。しかし、私も「教育者松陰」とか「革命家松陰」とか言って、ひとつのレッテルを貼ってしまうのは好きじゃないです。

桑原　もちろん教育者として偉くないというわけじゃないんです。ただ、例えば鶴見俊輔さんを考えてごらんなさい。彼の門下、といっては失礼だが、その影響下にどれだけの人材が出ているか。ある面ではこれは吉田松陰にも匹敵すると思います。そう考えると、松陰は教育者として最高と考えるのはどうでしょうかね。やはり松陰は、教育者としてでなく、歴史の中での思想家として見ないと失礼にあたると思うんです。彼はあの歴史の転換点で、ひとつのラジカルな思想に殉じたわけですから、その思想がその時代にどういう意味を持ち、現代にどういう意味を持っているかを中心に考えるべきでしょう。

奈良本　ええ、今日私たちが松陰を評価する根本はやはりそこに求めるべきだと思います。ただ、彼は短い一生でいろんなことをやった男です。

桑原　松陰はたいへんな旅行家ですね。一日に十三里も歩いているでしょう。私も歩くのは好きですが、一日十三里はきついですよ。一ぺんしかやったことがない。

奈良本　文章もうまいでしょう。

桑原　うまいと思います。あの人の文章は陰影がないですね。これが立派だと思う。だいたい日本人の文章には泣きごとや思わせぶりが多くて、何を言っているのかわからないものがある。松陰の文章は、その点、非常に明快でくもりがありません。

奈良本　おっしゃる通りです。手紙なんかも実にうまいです。彼は四六駢儷体の文章はあまり好まない。いわゆる飾った文章を非常にいやがる。

桑原　どの位のスピードで書いたのでしょう。おそらく割合早く書いたんだと思いますが、それでいて無駄がなく、意を尽している。またインフォーマチブ（情報的）であると同時にエモーショナル（情動的）で、さらにインサイティブ（扇動的）で、そのアジり方が卑しくないんです。文章が松陰独得の「至誠天に通ず」という真情に裏打ちされているからでしょうが、日本のすぐれた文章のひとつに数えられると思います。

奈良本　美しい文章に凝縮された思想、その背後に激しい行動の裏付けがあるということも、日本の思想史上稀有な例でしょう。

ロベスピエールに似る松陰

桑原　前の月報の対談で司馬さんが「松陰は日本での思想家のまれなモデルである」と言っておられましたね。それはこういうことだと思うんですが。西洋の偉大な思想家は自分の思想で生き死にしている。それは必ずしも松陰のように打ち首になったとか、そういうことを意味するわけではありませんが、思想に殉じ得るゆるがぬ線みたいなものがありますね。殺されたわけじゃありませんが、マルクスなんかもそうだと思います。

ところが、日本にそうした思想家が乏しいのは日本という国柄のよさと関係があると思います。つまり日本は昔から非常におだやかな国家であったわけです。例えば天明の飢饉が悲惨この上ないなどと言っても、ヨーロッパや中国に比較したら……。中国の飢饉では、人口の四分の一が消えることがある。ドイツの三十年戦争では、人口が四分の三になっているわけです。そういうことに比べたら、日本はおだやかな国ですよ。しかも住んでいるのは日本人ばかりですから、こんな所で思想でがんばる必要はなかったのかも知れませんね。

奈良本　松陰はその思想に殉じた数少ない例だといえますね。思想的に維新の一原点だといってもよいのではないでしょうか。

桑原　明治維新というのは、もちろん革命ですから、偉大とともに当然、悲惨と愚劣を伴います。ロシア革命でも中国革命でもどんなに残虐なものを伴ったか。それに比べたら明治革命はまだ穏やかな方でしょう。それでも多くの人命の犠牲と錯誤があった。しかし私は基本的には高く評価するわけです。あの時期は難しい段階で、やり損なったら亡国とまではいかなくても、かなりひどいことになったと思うんです。それをあそこまでもって行ったということは、ある時期までは、偉大な革命として評価していいと思う。そこでの西郷、大久保などの活躍は認めますが、先駆者としての松陰の歴史的役割りは絶対に否定できないと思います。

奈良本　ヨーロッパの革命家とくらべて松陰の個性はどんなものでしょう。

桑原　フランス革命でロベスピエールという人物がいますが、松陰はこのロベスピエールを思わせるところがありますね。ふくよかさが乏しい。ロベスピエールよりダントンとかミラボーの方が人間味がありますね。松陰はロベスピエールと同じで、女性にあまり興味がないでしょう。妹さんは非常に大事にしてますけれど……。女性に興味がないことを売物にしていないのは立派です。しかし、純粋思想として偉大でも、現実の存在として女性に興味をもたなかった男性は、私は人間として十全でないと考えます。ロベスピエールもそうです。彼は一生不犯であったといわれています。松陰もそうでしょう。ロベスピエールの方は短期間ですが権力を掌握して、正義と人道のためと信じて敵をバッタバッタと切る。仲間をも切ってしまう。そういうところへ行く危険性を、松陰ももっているのではないか。司馬さんの言う「純粋培養の人」ということでしょうが……。

奈良本　純粋培養ということは言えると思うんです。彼は五歳の時に兵学師範の家を継ぎ、十九歳まで一歩も外へ出ないくらいに、まっしぐらに勉強しています。独立するまでのあの勉強の仕方は本当に純粋培養と言えるでしょう。

桑原　ロベスピエールも学問はよく出来たわけです。学生代表としてルイ十六世の前で式辞を読んだりしている。それが後でルイ十六世を切る。

奈良本　ただ松陰の場合は、十九歳で長崎へ行って変わるんです。自分の今までの学問がいかに机上のものでしかなかったかという反省を持つわけです。オランダの文明を吹き込まれたり、阿片戦争に関するいろいろな記録を片っ端から読んで動揺をきたす。そして江戸へ行って佐久間象山に会っている。その時期の手紙を読んでみると、彼は胸中の憂悶錯乱の様を何回も書いていますね。松陰の場合はその変わり方もきわめて純粋です。

桑原　私はあの人の純粋さというものを評価しますが、告白すれば、松陰みたいな人間を好きになっては困ってしまうという感じがあります。むしろ私などは、福沢諭吉のような俗物性のある人間へ傾くわけです。松陰は純粋な人ですから魅かれるけれども、純粋なだけに俗物がこれを利用し過ぎているんで、その点が気に入らない。ただ松陰は日本人の泣きどころを、本人は無意識ですが、天性として持っていますね。

奈良本　そういう意味では、この人は一番日本人的じゃないですか。

桑原　そうです。ですから、思想の形態において、司馬さんの言う「因幡の白うさぎが皮をはがれた」ような、ものにふるえるような感じがあります。そして、そのふるえ方において人をとらえてしまう。しかし、それは心情主義だと思うんです。心情主義には日本人が泣くんです。本人は泣かそうと思ってやってるんじゃないけれど……。私は、それが河上肇先生にもつながっていくと思う。河上先生もたいへん善意の人ですが、にもかかわらず監獄に入ると、典獄に評判がいいんです。松陰も同じですよ。そこが私はあぶないと思います。それから河上先生は誠心誠意の人ですが、長生きしたせいからかもしれないが、ひとさまにいっぱい迷惑をかけていますわね。

奈良本　松陰もそうですね。周囲にずいぶん迷惑をかけている。

桑原　人間のタイプを考えるときに、私の個人用尺度で言うと、一流の人物には無意識の自己中心主義があると思うんです。人の気持ちがよくわかり、人に迷惑をかけない立派な人はたくさんおりますよ。ところが、意識的にか無意識的にか人に迷惑をかけながら平然としていて、それでたいへんいい仕事をしている人がいる。例えば、石川啄木。河上先生も松陰もその自然の傾向がある。松陰がいちばん純粋で、啄木になると、ちょっとハッタリや作為が感じられる。

奈良本　松陰の場合ですと、来原良蔵なんてそれで大迷惑してますからね。東北へ旅立ちする時に来原がかばって出してやりますが、早くいえば脱藩ですから、そのために彼は藩から追放される。

桑原　しかも、それが迷惑をかけた松陰個人の利益になっているわけではない。大げさに言えば、藩のため、日本国のために得になることをやっていることになるわけですね。松陰は命を賭けていたし、至誠天に通じたわけですけれども、それを普通の頭で、ほどほどの勉強をした人間が、一杯飲んで「至誠天に通ず」などと言い出したら、はなはだ迷惑です。そんなふうに誤解される危険がある。

奈良本　そういうことですね。

現実から出発し、現実を超えた松陰

桑原　松陰の場合、「至誠天に通ず」から、「神に願うより身を行なうがよろしく候」へくるわけで、たいへん立派だと思います。安政六年に入江杉蔵に宛てた手紙があるでしょう。あれは文章も非常にいい。その中で「他人の評は何ともあれ、自然ときめた。死を求めもせず、死を辞しもせず、獄に在っては獄で出来る事をする、獄を出ては出て出来る事をする。時は云はず勢は云はず、出来る事をして行き当つれば、又獄になりと首の座になりと行く所に行く。」と言っています。この自然主義は、たんなる居直りじゃないけれども、俗語で言えば、胆がすわったというか、覚悟ができたというか……。

奈良本　覚悟ができた、と。そういうことでしょうね。

桑原　その覚悟も、お前らは覚悟ができておらんぞ、俺はここまで修養したんだぞ、というような態度は全然ない。それは読んでいて、たいへん気持ちがいいですね。松陰の態度と言えば、『講孟余話』の書出しの「経書を読むの第一義は、聖賢に阿《おもね》らぬこと要なり。若し少しにても阿る所あれば道明かならず、学ぶとも益なくして害あり。」というのはいいですね。主体的に勉強しろ、自分で考えろと言った人はたくさんいる。しかし、聖賢に阿らぬ、と表現した人はありますか。言われてみれば、その通りですけれど、こういう表現をするのはちょっとすごいと思いますね。

奈良本　やはり思想、それも行動をとおした思想があればこそ言えたのでしょうね。実践の学だと思います。

桑原　松陰はだいぶ前から、いわゆる「訓詁の学」から離れているわけでしょう。だから、いい意味での実学になっている。日本の儒教は実学だから、つまらぬという説がありますね。福田恆存さんなどがそういう説ですね。日本にはろくな学問がない。日本の学問は実学にすぎぬと。この批判は一面あたっているかも知れない。ところで、日本で実学でない学問というのは何があるでしょう。

奈良本　それは三浦梅園あたりじゃないですか。あれは実学じゃないでしょう。非常に高度な自然哲学だと思います。あれはすごいですね。松陰の実学というのは、佐久間象山という人に会っての影響があるでしょうね。

桑原　私は、佐久間象山は実学といえるという感じがしますが、松陰を簡単に実学の枠にはめることは反対です。

奈良本　そうですね。松陰というのは、まず兵学をやったでしょう。兵学というのは実学なん

佐久間象山

ですよ。抽象的な兵学なんていうのはナンセンスですから。やはり敵を知って、己れを知るということですからね。そういう意味では非常に現実的な学問から出発している。しかも、現実的な学問に終始するのではない。例えば佐久間象山が、彼は儒学の大家ですが、それにもかかわらず西洋砲術をやる。松陰の方は、そういうところで逆に抽象的な学問へ行っている。つまり、今までの聖賢の学を批判する立場からいく。それは非常にすごいと思うんです。

桑原　松陰が現実から出発しているというのは、そうだと思うんです。彼は世捨て人になることは拒否しています。そういう言葉がありましたね。世捨て人になるのはやさしいんだという。その認識はたしかだと思う。そして彼は、世捨て人になってはいけないと思いながら、実際には現実を超えて、ひとつの清潔な学問の世界へ入り込んでいる。実学をやってお国のためにならなければいけないと思っていながら、本人はひとつ段階を上ったというか、雲に近づいたような清い世界へ上ってしまう。そういう姿勢がありますね。その美しさはある。

奈良本　松陰のそういうところが日本人の好む所以なのでしょう。

桑原　西洋の偉大な思想家というのは、現実を踏まえて出ていても、必ず一度現実から離れている。つまり抽象化、あるいは別な言葉で言えばセオリー化……。日本の場合は、原理と原則がなくて、それで心情というところへ行ってしまう。その点、困るんですね。ただ松陰のそれは非常にデリケートなので……。しかし彼には一つ原則があると思う。その原則というのは「本朝即ち然らず」ということです。これが基調になっている。ただ『講孟余話』の論争などを見ても、常識的には山県太華の説はきわめて穏健で、妥当性があり、もちろん学力もある。今の高校生にこれを読ませたら、たいてい山県太華に味方する。

奈良本　そうでしょうね。

桑原　ところが、歴史の面白さというのは、だから山県太華が明治維新を招来したかと言えば、決してそうではない。太華本人は負けたとは思っていませんが、やはり松陰の「我が国体の外国と異る所以の大義を明かにし、闔国の人は闔国の為めに死し、闔藩の人は闔藩の為めに死し、臣は君の為めに死し、子は父の為めに死するの志確乎たらば、何ぞ諸蛮を畏れんや。願はくは諸君と玆《ここ》に従事せん。」というようなことが、あの段階では歴史のものすごい推進力になっている。

奈良本　やはり激しい情念をともなった思想だからでしょう。

桑原　安政六年の北山安世宛の書簡に「独立不羈三千年来の大日本、……（中略）那波列翁《ナポレオン》を起してフレーヘードを唱へねば腹悶《ふくもん》医し難し。」というのがありますね。これはたいへん有名なところなんですが、これフレーヘードというのはフライハイト、つまり自由ですが、それがナポレオンと一緒に出てくるところが面白い。この場合、私の考えですが、松陰はフライハイトというのを歴史の中でとらえている。彼の言う「自由」は、今日私たちが考えるような純粋な自由ではなく、歴史の中の自由だと思うんです。その後で彼は「大要今の儘にては神州陸沈疑なし。恢復の策は劉項・那波列翁等に非ざれば出来がたし。」と言ってますね。私はここにもっと注目する必要があると思う。劉邦と項羽は、つまり覇者です。ナポレオンは「革命の子」ですから、劉項とは少し異なりますが、軍人ですし、やはり覇者です。つまりはその覇者を媒介としての自由だと思うんです。もちろん歴史のあの段階でパワーポリティクスを採ることは、別段悪いことだとは思いませんが、明治維新というのが一種のボナパルチズムを導き出したとするなら、やはり松陰はそれの遠因のひとつになっているわけです。松陰の言った自由は、その後、例えば頭山満の言うような自由にもつながるし、また中江兆民の言う自由をも含んでいるでしょう。ただ、松陰を進歩的なところへ引きつけようとするあまり、フライハイトという一語を切りとって論じるのは、無理があるように思います。

奈良本　ここでは言ってみれば、「独立不羈三千年来の大日本、一朝人の羈縛を受くること、……」というのは植民地化されるということでしょう。そこで、それをはねのける力というのはナポレオンだと。ナポレオンの唱える自由だというわけです。

桑原　そうですね。ですから、この自由というのは個人主義的な、インディビデュアルな自由ではなくて、インディペンデンス、民族としての自由独立であると解釈すべきでしょう。今の若い人はパーソナルフリーダムというふうに読みとる傾向がありますが、それは歴史的でなさすぎると思います。そのことは別に松陰の評価を下げるものでもない。例えば、フランス革命においてもロベスピエールが、これもたいへん純粋な人間ですが、きわめて非妥協的に事を進めた。仲間の首も切ったりした。ところがその結果できたものは、ロベスピエールの出身のプチ・ブルジョアの世界ではなく、大ブルジョアの世界──資本主義だった。だからマルクスなどはロベスピエールを歴史が見えていないと批判するわけです。しかしそれはあの段階で、避けられないことかもしれないし、現実に歴史はそれで動いてきた。松陰があいう形で自由を言ったり、あるいは天皇を旗印にしたりして、変革を志したのにも、同じような意味があると思う。だから、現代日本社会で松陰を読みとるのはたいへん難しいという感じがするんです。

奈良本　文章の字面を読みとるだけでも難しいでしょうが、やはりそれぞれの文章そのものをもっと深く読みとるということでしょう。特に松陰の文章は時々刻々と変転する情勢の中で語られたものですからね。

松陰を語る

松陰の精神とその人間像

村上一郎
保田與重郎

松陰の詩と真実

村上　松陰先生は、奈良、大和は相当歩いておられますね。ただ、法隆寺へ参ったかどうかというような詳しい記録がありませんが。

保田　法隆寺には行っているのと違いますか。

村上　橋本左内は行ってますね。日記にはっきり書いてます。松陰先生がいかれたのは左内より早いですね。第二回目の江戸遊学の途中で大和路を歩いて森田節斎に会い、その後、伊勢の方へ抜けています。

ですから御陵なども或る程度拝んで歩いたんじゃないですか。ああいう精神の人ですし、あの頃は国学に志がありましたから。

保田　八木から五条。それから橋本の方へ出られた。

村上　ところで松陰先生の顔というのはお好きですか。

保田　伝説やいい伝えの顔というのは、あまりいい顔になっていないのですね。

村上　私は（本を示しながら）、戦前の十巻全集（普及版でないもの）の第二巻の巻頭にあるこの木像の顔が一番好きなんです。京都大学の尊攘堂にあったとかいうんですが……。いかにも田舎武士らしくて、青雲の志という感じがしていいです。

保田　そうですね。田舎武士の顔ですね。この顔はいい。

村上　品川弥二郎の記憶で作ったというんですがね。他に松浦松洞が描いてますが、松洞は後に時世を慨《うれた》んで自殺するような人ですから、陰気に描いたんじゃないですか。

保田　あれもいいじゃないですか。

村上　いい顔ですけれども、ちょっと暗いでしょう。志は高いですけれども……。

保田　これは、それに比べると若いな（本を見ながら）、だいたい長い顔に描いてますね。

村上　武士の顔は長いんじゃないですか。私は人間の容貌の話になると、保田先生が『皇臣伝』に徳川斉昭がなぜひげをはやしていたかという話をめんめんとお書きになっているのを思い出して、保田先生は人相見がうまいんじゃないかと思って……。

保田　あれは何かあると、そったりのばしたりされるのです。

村上　江戸城に登城する時はのばしちゃいけないでしょう。ところが権中納言かなにかもらっているから、天皇の直臣だといってがんばればいい。お公家さんはひげをのばしてもいいんです。きっとそれを楯にしてわざとのばしたんでしょう。

保田　そういうことあったんですか。

村上　だと思います。だから烈公の精神としては、おれは朝廷の直臣だ、老中やなんかの配下じゃないという感じ……。

保田　しかし松陰という人は偉い人ですね。

村上　作戦計画なんていうのは大変なものですね。

保田　誰に会っても何か習ったという風で。どこに行っても何か一つことは習ったという気になった。

村上　先生をテストするんですね。どこの先生の所に行っても。つまり脅かすんだそうです。「幕府があなたをにらんでいますよ」と言って、先生の顔色の動きを見て、この人は確かだというんで習ったんだそうです。だから心理学みたいなものも知ってたんじゃないですか。

保田　塾の規則でもあまり堅苦しい勉強の仕方はいかんといっているでしょう。

村上　漢学塾なのに『常陸帯』なんか子供に読ませますしね。

保田　そのくせ、一見したら堅苦しい感じがしますね。どういうわけかな。

村上　やっぱり弟子がそうしちゃったんでしょう。

保田　（笑う）。

村上　人間としての悩みを打明けためんめんたる手紙などもあったそうじゃないですか。おそらく弟子に背かれた安政六年の二月頃じゃないかと思うんですが。亡失したらしいですけれどもね。

保田　松陰先生は、そういう所多少の感情の変化が出てきますね。

村上　それが今度は躁状態になって、天朝もいらん、幕府もいらん、わが藩もいらん、草莽崛起はわが六尺の微軀あるのみ、なんて頑張っちゃうわけです。ああいう所が人間らしくて僕は好きです。

ところで松陰先生の歌では何がお好きですか。

保田　そうですね。

安芸の国むかしながらの山川にはづかしからぬますらをの旅

よそにふしてわかれ行くだに悲しきをことにも出でば思ひみだれむ

呼びだしの声まつほかに今の世に待つべき事のなかりけるかな

このようなのが、いいですね。「安芸の国……」はとくにいい。他にいい歌は、十や二十はあります。

村上　私は、

心あれや人の母たるいましらにかからむことはもののふのつね

というのが好きでね。人によって「いましら」でなく「人たち」と書いていますが……。

保田　しかし、松陰先生も短かい生涯にえらくたくさん書かれたもんですね。

吉田松陰木像

村上　三十ですからね。今でいったら、満二十九歳ぐらいじゃないですか。だからこんな顔でいいんじゃないですか。

保田　そうですね。

村上　松浦松洞の画は少し老成しすぎているんじゃないですか。あれは野山の牢屋から出てきた時の顔ですからね。

保田　これでも（写真を見ながら）、武士ならばちょっと老けて見えますね。二十九でしたら。

松陰思想の原点

村上　実はその像を是非一回見たいもんだと思っているんですけれども、先生、ひとつ見つけてくれませんか。拝見したことがないんです。私はその写真しか知らない、戦後の行方がわからないんです。

話が変りますが、松陰評価などの上で例えば、いい加減に、こういう点は進歩的だけれども、こういう点は保守的だとか、この点は兵法学者らしいけれども、この点は兵法学者としてだらしがないとか、ばか正直で革命家の資格がないとか、ああいういい方は大嫌いです。私はばか正直とは思いませんね、まっ正直だとは思いますけれども。先生は、蓮田善明氏とお付き合いがあって『本居宣長』という本の中で、本当の攘夷というのは、「言向けやはし」だと言っておられるのを御存知でしょう。つまり「言向けやはす」のであって、むやみとストレートに、アンジッヒに大砲を打つとか、敵船を沈めるんじゃないということ、それが松陰の場合もあてはまると思うんですけれども、どうお考えですか。

保田　松陰先生は最初は非常に穏健ですね。

村上　終始穏健なんじゃないですか。ただ外敵が阿片戦争のようなことを起こすならば、戦わなければならない。そうでなければ、「言向けやはし」でいいんだという考えでしょう。

保田　あくまで攘夷という考え方が、ちょっと今の人が解釈するのと違うでしょう。

村上　四次防とか、あんなんじゃない。だいたい攘夷という言葉は、支那の言葉ではないでしょう。トルコかなんかじゃないですか。支那や日本の古い時代の辞典なんかには載ってないでしょう。

保田　「攘夷」ではなしに、「馭戎」ですか。

村上　本居宣長は『馭戎慨言』でしょう。いましめ、鎮め、やわすんですね。和めるとか、やわすとかいうのが攘夷なんで、ただストレートに火をつけるとか、なぐるとか、そんなことは松陰先生ともあろう人が考えるはずがないと思います。

保田　ずっと辿って行くとそうなりますね。最後の入江宛書簡になると非常にいいものですね。

村上　ただ手段として、場合によっては戦わなきゃならないかもしれないからそれに備えよ、と言っているだけの話じゃないでしょうか。

保田　私の一番に思うことは江戸の牢からの入江九一宛の手紙ですね。「天朝の御学風」をおこすことを書かれた手紙です。刑死の何日か前ですね。私にはあの一語が松陰先生の極意です。

村上　あれはいいですね。天皇を中心に学校を興して、出版をやらなければいけないという、つまり学習院を充実しろという遺言……あれはなぜ入江にやったか、高杉や久坂じゃなくて入江に託したかということに深い含蓄があるんじゃないでしょうか。

保田　入江宛で、その前に出しておられるのにもいい手紙がありますね。

村上　やはり入江兄弟は最後まで松陰を離れなかったから、一番信頼されたんじゃないですか。久坂や高杉は一回絶交してますから。『留魂録』だって、同囚の福島浪人が持ち出して、入江の弟の和作（後に野村靖となる）の役所へ届けています。その位、信頼されていたんですね。

保田　それでその入江宛の手紙の中に書いてるんですが、尊皇攘夷というのは絶対だということですね。この尊皇攘夷の意味は、時務論として解釈すると、もう松陰先生の本意でなくなる。「天朝の御学風」は時務論でない、そこではっきり言っておられるのは、陽明学とか朱子学とか、そういうものに、何でも片寄ってはいけない。長所は全部取り入れてというわけです。

村上　そうです。それから兵学校と書いてますね。つまり陸軍や海軍の大学ですね。

保田　あの人は実用の学問がわりと好きですね。

村上　ただ、松陰の場合、実用といってもプラグマティズムじゃない。水戸学でいう、「学問、事業その効を殊にせず」ということではないでしょうか。だから実学というのが虚実の実でしょう。虚学はいけないので、実学でなければならない。

旺盛な読書欲と天才性

保田　どこかに、「百姓のことを書いた農業の本がたくさん出て、人がそれを読んでいるのは非常にいいと書いてましたね。

村上　常陸の百姓を非常に賞めています。志が高くて、しかもよく働くと。農業の方は佐藤信淵を読んでますね。商業では山片播桃をよく読んでます。それから石門心学なんか。

保田　牢内にいた時の読書目録は、全集に出てますか？

村上　出てます。一年ちょっとで六百何十冊でしたか、……たいへんなものです。

保田　その中で一番おもしろいと思ったのは、かな使いに関する本が二冊入ってますね。あの当時は言霊の道というのがはやったでしょう。先生のは国語文法の方です。一般にあの当時は国語の文法に非常に関心があったようです。国語の文法に整然とした天造の秩序があるということの発見が、当時の志士の一種の自信となっています。

村上　よくお気がつきになりましたなあ。本居宣長先生の触発を受けているんじゃないでしょうか、非常に。それから足代弘訓ですか、あの人の影響もあると思うんですが、とりわけ森田節斎に『孫子』の文法を習って驚いてしまう。つまり、『孫子』は自分が小さい時からやっているから全部知っているつもりでいたら、助辞やなんか全部知らないことだらけだったのでびっくりしてしまう。

保田　その前に谷三山先生の所へ行って、いろいろ話を聞き、この時経世の学や兵学をやめて文学に変ろうかと考えられた。文学というのは、今なら倫理や哲学のようなものです。これに対して節斎先生が、松陰先生に叱るのです。節斎先生はえらい人で、威張る方で、今日の若い者がそんなことを考えてはいかん、というのです。しかし、文章はうまいですね。松陰先生は。あの時分の文士としては第一流でしょう。

村上 松陰先生は漢学育ちですから、一生を通して読んだのは、『孫子』『孟子』と『武教全書』じゃないでしょうか。だから山鹿素行のものでも『配所残筆』とか日本語で書かれたものは、わりと後になって読んでます。『西遊日記』に平戸ですか、そこで初めて読んだということが出てきますね。

保田 素行先生もえらい人ですね。二年ぐらいで四書五経から詩文まで全部覚えてしまいますからね。

村上 山鹿流兵学といいますけれど、松陰先生の『孫子』の評註もいいですが、素行の『孫子』解釈にはかないません。しかし松陰先生も『孟子』を読んだのは五つ位じゃないですか。われわれ二十歳で『孟子』を読んだって読めやしないですよ。

保田 九つ位で『武教全書』を講じたんでしょう。松陰先生にはやはり一種の天才性を感じますね。われわれ、二年で一冊も読めない。それを殆んど覚えて、自分は愚鈍であったから二年もかかったと書いてる。これは素行先生です。しかし殿様も偉いね。九つの先生を作った。

村上 殿様も偉いですよ。うまくおだてて偉いやつを育てる。水戸や越前の殿様はあまり偉すぎたけれども、長州の殿様はあまり利口じゃないから、部下をおだてて偉くした。

話は変りますが、松陰先生の漢詩は如何ですか？

保田　漢詩はあまりわかりませんが、歌はいいですね。くだけた、俗な気持で歌っているのはいいですね。

村上　狂歌みたいなのがありますよ。

保田　俳句もやったね。

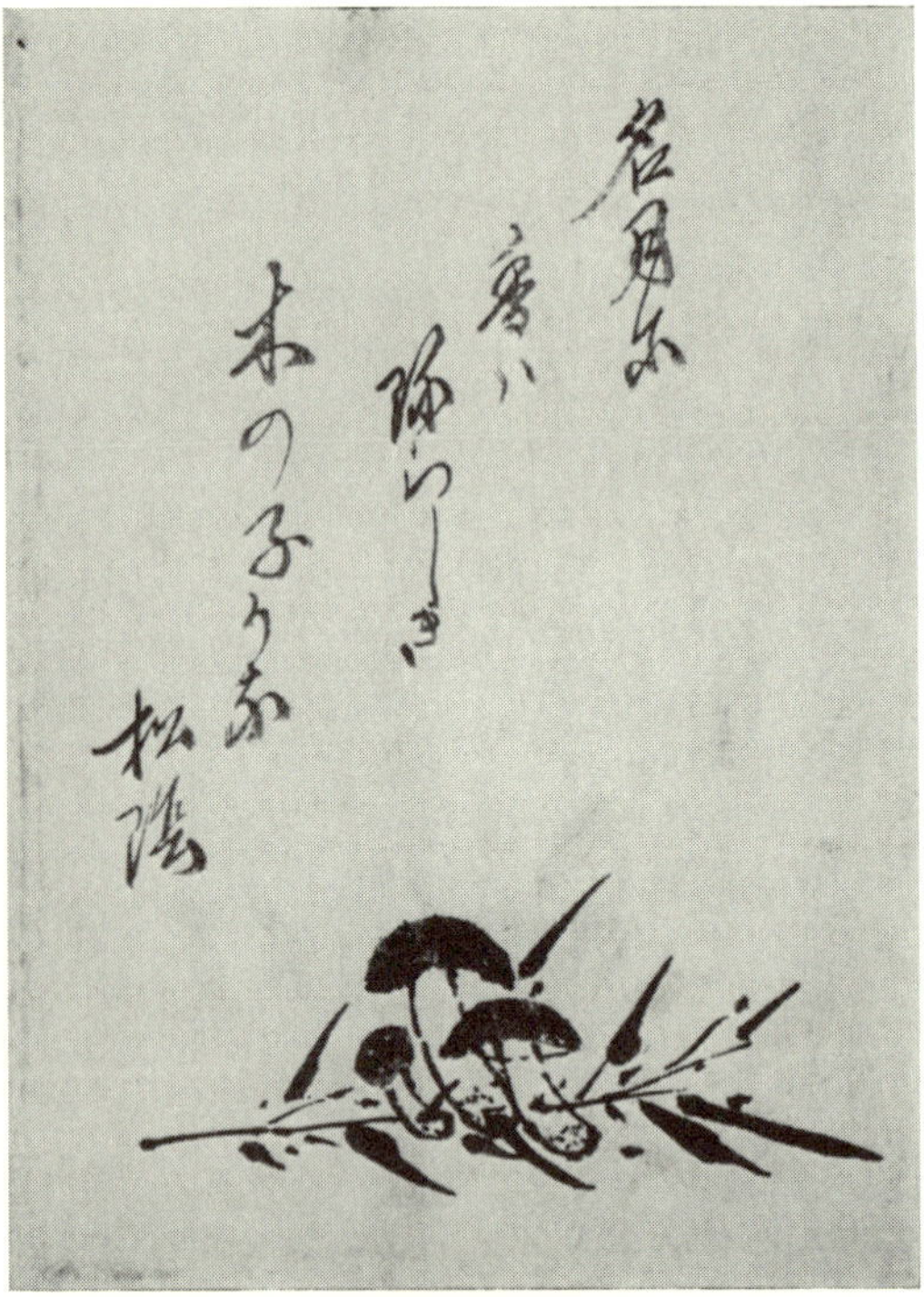

松陰自筆の句

村上　牢屋の中で高須久子という未亡人と俳句のやりとりをしてますね。ちょっと恋愛的な句ですな。

保田　うまくないという人もいましたが。

村上　でも可愛いいんじゃないですか。愛すべき俳句じゃないでしょうか。

保田　二十八、九では、ちょっと批評するの気の毒ですね、俳諧は。歌は批評できますけれども、俳諧は四十過ぎないと一人前にならない。蕪村にしても六十過ぎくらいですから。芭蕉でさえ四十を越えてからです。

村上　だけど、松陰先生は関東地方、東北地方をまめに歩いてますね。

保田　日本武尊、坂上田村麻呂から始まって、北風の吹いてくる道はきびしかったのです。

村上　潮来あたりで泊っているんですけれども、水戸天狗党とも交流していますね。笠間で『孟子』の講義もしてますから、いわゆる「処士横議」のはしりみたいな事をやったんじゃないですか。

保田　ほんの僅かな期間によくあれだけ歩いてますね。

村上　水戸には一ヵ月いますけれども、永井政介の子に別れる時に、贈った詩が好きですね。「長刀快馬三千里」というのが若々しくていいです。

保田　五日一山か、十日一水か、昔の修業の……。五日で山一つ越すのかな（と部屋にかけてある谷三山先生の額を指す）。五日一水ですか、十日ですか。

村上　（席を立って額を見ながら）五日……。

保田　川ですね。川を一つ渡るんです。

村上　詩を作る時には、一字を置くたびに一杯盃をあけるんですね。

保田　松陰先生は酒はあまり飲まれなかったそうですね。

村上　ぜんぜん飲まないことはないでしょう。ただ乱酔しない人だと思います。酒色を断ちと書いてますから、酒は飲んでたわけでしょう。中里介山は飲んだように書いていたんじゃないかな。

保田　蘇峰先生の本に書いてませんでしたか、酒は飲まないということ。戦前、尾崎士郎さんに聞いたんですが、さあ二合位と云いました。彼が戦争中松陰先生の小説を新聞に書いていて、半月ぐらい毎日酒を飲むだけなのです。それが評判がよかったのです。（笑い）

村上　水戸に行った時の日記に、どこの家に行っても酒を出してもてなして大変いいと書いてますから、自分はいくらか飲めたんではないですか。

保田　尾崎さんは、小説を書く立場で、二合ぐらいとはっきり云いました。（笑い）

村上　まあ、あの時代の人は、飲むというのは一升酒を一晩かかって飲むことをいったんじゃないですか。ですから飲まないといっても一、二合は飲んだ。

兵法家としての生涯

少々武張った話で恐縮ですけれども、例の間部下総守をやっつけるというので、周布政之助と前田孫右衛門に宛て、鉄砲を貸せ、それから合薬を出してくれと手紙を書いている。それを世間の人は馬鹿の骨頂だ。革命をやろう、人を暗殺しようという人間が、藩政府に鉄砲を貸せ、行動を黙認しろとは人がよすぎると言っている。しかし、私が調べて見て、あの鉄砲はクーホールといって、あの当時の世界の最高水準のホイッスルです。それから合薬、これは黒色火薬ですが、これも民間人は作らない。だから、両方とも藩に借りるしかない。私は、決して馬鹿げたことではないと思ってます。もう一つ、あの当時は、越前はじめ、尾張や水戸も一体となり、井伊大老をやっつけようという計画があった。つまり、そういう計画を側面から援助するという一種の陽動作戦の意味があったんじゃないかな。したがって十七人の血盟の士を募ったというが、三人位しか名前がわからない。つまり、それだけの人間が実在したかどうかも疑わしい。

保田　井伊大老を倒した時は十何人ですか。

村上　十七人で、火縄銃一丁です。オドシ鉄砲だけで。だから、それに比べても松陰の計画は、ゲリラじゃなくて旗鼓堂々と陣を張り、大きいホイッスルや百目砲を手にした軽卒を三段がまえにして、押し出していくという意味で、やはり陽動作戦ではないか。兵法家としてはそう考えるべきじゃないかと私は思うんですが。

保田 そういうことですね。後から考えたら無茶なことでもなかった。だってできたんでしょう、桜田門でも。

村上 そうですよ（笑い）。だから松陰が世界最新の砲をもって片方でやれば、よけいうまくいったかもしれない。もっと早く、安政の大獄の途中で。うまくすれば、橋本左内は助かったかもしれない。松陰先生ぐらい兵法をやったら、そこまで計算していたんじゃないですか。

保田 専門家ですからね。

村上 二度目に江戸に上る時に、一ヵ月以上かかって東海道の駅をしらみつぶしに調査してますね。

保田 長い期間をかけて、もう元和偃武の直後からずっとそういうことを兵法として研究していたんではないですか。

村上 山鹿素行だってそうでしょう。だからこそ押し込められたわけですからね。山県大弐にしても、百姓一揆やなんかと一緒にやったわけですから。だから松陰が天才だったというよりも、背後に伝統というか、重い、深い流れが脈々とあったんじゃないでしょうか。

保田　近いところで、元禄の頃からはかなり精密だったんでしょうね。儒者の森田節斎だって、吉野川原で門下の乾十郎（天誅組）にいくさの用兵の訓練をさせてます。

村上　大塩平八郎が仲間ですからね。頼山陽だって親しかったんでしょう。

魅力ある人間教育とその実践

保田　松陰先生が若い時に山陽の本に一番感激したというのは本当ですか。『日本外史』なんか。

村上　若い時は知りませんが、初めて牢屋に入った時、『日本外史』『史記列伝』を全部読んでノートをとってますね。

ところで、松下村塾というのを、今の中国語で村里的私塾というんですね。なかなか、おもしろい訳だと思うんですが、松下村塾の教育の仕方についてはどうお考えですか。

保田　実状はよくは知りませんけれども、規則書を見たら、のんびりしろと書いてあるでしょう。あれは荻生徂徠からの儒学の気風ですね。

村上　個別教育だそうですね、講義ではなくて。一人一人のそばに坐り込んで「君、この本を知ってるかい。『常陸帯』という本だよ。著者は藤田東湖先生で……」というふうに教えるんだそうですね。もう少し程度の上の人間には「これは『史記列伝』だが、この本の抄録を作りなさい。ノートの作り方は知ってますか」というふうに。それから、キセルを折ったり、どうにもならなかった不良を三人ぐらい立派にしちゃった。

保田　ああいうところがおもしろいですね。不良少年の扱い方。今のいわゆる更生教育とは違いますから。松陰先生はああいう少年が好きだったんでしょうね。

村上　自分が玉木文之進にものすごく鍛えられたから、人を鍛えるのは好きだったんじゃないですか。

保田　特別の偉い教育者には、ああいうどうしようもない人間が必ずついてますね。

村上　久坂玄瑞だって、初めはえらく怒られてます、十八ぐらいの時。おまえみたいな奴は駄目だみたいな手紙を貰って。

ところで松陰先生の字はどうですか？

保田　松陰先生の字はあまり……。

村上　（本を示しながら）これは習った字だそうですね、自己流じゃなくて。書道家に言わせると、相当訓練して習った字で、その結果、個性が出てそうなったんじゃないかということです。

保田　筆の運びは随分早かったのと違いますか。本でも、読むのではなくて写すんですね、あの人は。

村上　獄中だったから、字引も引かないで書いてるでしょう。だから間違い字も多いですね。それにものすごいスピードで書いてますから。

保田　あの人、間違った字をよく使ってますね。昔のお坊さんは、よくそれをやるんですね、平気で。儒者はあまりやらないんです。松陰先生は、あまり儒者意識がなかったんですね。間違ってもかまわないと思ったんでしょうね。

村上　この人は、平ガナも片カナも混ぜて使いますよね、平気で。めちゃくちゃに混ざってますね。特に急いで書いた手紙なんかそうです。

保田　本を写してたらそうなるんじゃないですか。

村上　それでいいんじゃないですか、手紙なんてものは。しかし、こういう偉い人の場合は、短かいパンフレットみたいなものも馬鹿にしちゃいけない。ちょっとノートみたいなものも、うんと大事にしなければいけないですね。

保田　そうですね、本当に。

村上　今度の全集には新しいものが大分入るそうで、たいへん喜んでいるんですけれども。

保田　全集の中に手紙が入っているでしょう。あれを読みますと全部一所懸命に書いてますものね、実に誠実に書いてますからね。教育的な意味もあるし……。

村上　ちょっと肩をいからしすぎているようなのがありますが、そうかと思うと妹さんに宛た手紙なんかは、実になごやかで、しかも一字も消してないですね。

保田　あの妹宛の手紙はいいですね。

村上　あの人は女性を知らなかったといいますけれども、精神的には知っていたんじゃないでしょうか。

松陰を語る

西郷隆盛と松陰の比較

海音寺潮五郎
奈良本辰也

長州人の特質と長州藩の気風

奈良本　長州の代表的な人物というのは、吉田松陰ですね。

海音寺　私は最近しみじみ考えるんですけれども、明らかに吉田松陰というのは長州人だし、長州人的特質がはっきりしている人ですけれども、同じ長州人でもあんなに見事な人はほかにはおりませんですね。松陰という人はまだ若かったんだから、明治三十年代までは生きていられた可能性がありますね。四十年代ぐらいまで生きていたかもしれない。安政の大獄の時三十になるやならずでしょう。

奈良本　数えで三十ですね。

海音寺　ひょっとすると明治四十年代まで生きていたかもしれない。そんなに生きてもらったらお弟子さん達も困ったんじゃないかと思うんです。叱られるようなことばかりしているんですからね（笑）。早く死んでしまったということが、松陰という人を神格化するのに非常に具合がよかったんじゃないかとね、あとの弟子達にしてみればね。

奈良本　お弟子さん達でも、早く死んだ人はみな評判がいいんですけれども。たとえば久坂玄瑞とか高杉晋作。

海音寺　高杉晋作の死ぬ前あたりの行状というのは、松陰という人が生きていたら、にがい顔をしたんではないかと思われますよ。松陰という人は道学者じゃありませんけれども、自分が品行方正なんですからね。それで非常に理論的で、自分の主義主張に対して忠実で、常に命がけであった。こういうところがまことに長州的ですね。

奈良本　薩摩はどうなんですか。たとえば秩父くずれなど。

海音寺　薩摩にはそれがないんです。つまり非常に現実的なんです。秩父くずれは特別な例ですが、考えようではこれも主義主張に殉じたというより、いやおうなしに処罰されたのだとも見られるのですから。純粋に主義主張に殉じた人としては、有馬新七がただひとりいて異色を放っているだけです。ところが、長州人は理論的ですね。理論のために現実を忘れるところすらある。幕末の攘夷運動がまさにそうですね。

奈良本　理屈が勝つようですね。

海音寺　理論に殉ずるところがありますね。これが長州人の長所でもあるし短所でもある。政治運動などの場合にはたいへん困るわけですね。幕末に高杉が何べんか国を逃げ出さなきゃならなかったというのはそれですね。

高杉ほどの功績があり、高杉ほどの人物であれば、薩摩なら高杉だからといって、みんな笑って見過しますよ。高杉のいうことなら信用していいとか、黙ってついていこうという空気が出ますよ。ところが長州では絶対出ないですな。斬ろうとする連中まで出て来る。

奈良本　だから逃げ出す。

海音寺　けしからんヤツじゃ、斬っちゃえという連中が一人や二人でなく出て来るんですからね。

奈良本　薩摩というのは、そういう意味じゃいまおっしゃったように、南洲がいるんだからついていこうというのが圧倒的なんでしょうね。人格的信頼とか。

海音寺　そういうものがあって、薩摩の長所にもなれば、同時に短所にもなっているんです。薩摩人にそういう点で珍しいのは、今言った有馬新七だけです。殉情といいますか。純粋理論的といいますか。

奈良本　ちょっと似てますね。そういう点では松陰的ですな。秩父くずれ、あれは非常にイデオロギー的なものじゃないですか。

海音寺　それは理論的なものですけれども、理論的というより、結局はいやおうなしに大殿様から殺されたんですから。

奈良本　あの人達が勉強していたのは、主に朱子学ですか。

海音寺　朱子学の『近思録』ですね。だから近思録くずれともいうんです。『近思録』を一所懸命読んでいた。西郷なども秩父太郎などの生き方に、若い時非常に感動したんです。純粋でいさぎよい点にまいって、大久保、吉井、伊地知正治などと『近思録』を共同研究している時期があります。この共同研究をしたメンバーが、後に誠忠組といって薩摩の勤皇青年の団体に成長して行くのです。

長州藩という藩は学問が特に盛んだったのかどうか、ぼくは知りませんが吉田松陰の一族を見ますと、お父さんもおじさん達もみな学者で通るほどの人々ですね。学者的な空気がみちみちていますね。きっとああいう家が、毛利家の家中にはずいぶんあったんでしょうね。

奈良本　普通ですね。吉田松陰という人は叔父太助のうちが山鹿流兵学。それから玉木文之進も兵学をやるし、松陰に孟子など教えていますね。お父さんというのも、吉田松陰の師匠の役をやっている。どこのうちでも同じ様ですね。たとえば周布政之助とか長井雅楽というのはたいへんな秀才ですけれども。

海音寺　長州人の気風を作ったものには、学問が盛んであるということ、こういう後天的なものがあるでしょうが、学問を好きになるという先天的な素質もあるかもしれませんね。

奈良本　そうかもしれませんね。

海音寺　薩摩にはそれがないんです。朱子学などは周防の山口に最初入ってきたんでしょうが。その次に薩摩に入ってきているんですから、戦国時代に桂庵玄樹によって薩摩に伝えられ、その伝統がずっと薩摩にあって藤原惺窩が「朱子注」の四書を手に入れたのは、薩摩においてだったといいますからね。惺窩が朱子学の勉強で支那に遊学するために、薩摩に来て船待ちしている間に「朱子注」の四書を見つけて、これがあれば支那に行く必要はないといって京都に帰って行ったと伝えられているんですが、それがありながら盛んにはならなかった。

私のうちに子供の時に四書がありました。これは珍しいんです。どこの士族のうちを捜しても、書物なんてほとんどないんですよ。私のうちには誰が読んだか知りませんが、古い四書が一揃いありました。私が中学五年の時に、孟子を副読本で教わったので、それを持って学校にいったら、先生がたいへんうらやましがって、くれといわんばかりの顔をしました。きっと珍しい版だったんでしょう。

奈良本　長州人というのはずいぶん本を読んだらしいですね。私どもは町人ですけれども、おばあさんが私どもに『孝経』なんかを教えてくれるほどでしたから。町人まで学問が浸透していました。

海音寺　薩摩人というのは、学問はあまりしなかった。その中で、西郷だとか、有馬新七などという人は学問は好きでした。有馬は山崎闇斎流の朱子学の確か家元がいるんですよ、山口菅山という若狭の小浜藩の人で。江戸におりまして、その人に弟子入して、代稽古までつとめるほどの学識をつんでいます。梅田雲浜も元来小浜藩士だった人で、闇斎流の学者です。山口菅山の関係で、有馬は雲浜とは知り合いでした。

奈良本 文章もちゃんとした文章を書いていますね。

海音寺 西郷も好きで学問をしています。薩摩人に珍しく学問をしているんです。あの人は二度も島に流されていますから、書物でも読むよりほかはなかったんでしょう（笑）。ほかの連中はあまり読んどらんですね。木戸孝允が大久保のことを無学だと悪口いっていますからね。今日に至るまで、薩摩人種はあまり書物を読まないのです。

幕府と薩長両藩の関係

奈良本 長州も関ヶ原で負けて、防長二州に閉じ込められる。その時、ずいぶん家来を整理していますわね。それが非常に大きいと思うんですよ。いってみれば、あまり役に立たない家来は全部首を切って精鋭だけを引張って山口に移ってきた。それが一種の長州一家というような、司馬遼太郎氏にいわせると純血種というんですけれど、それを作り上げたんだろうと思います。

海音寺 整理せざるを得ないでしょうね。百二十万石が三十六万石に減らされるなら。それだけ長州は徳川氏をうらむべき重々の筋合がありますね。殿様の身代が小さくなるということは、家来もそれぞれの身代が小さくなるということですから、貧乏するたびに思い出しますね。世が世であれば、こんな貧乏はしないですむんだと思いますよ。それにしても、長州の譜代の士の連中というのは、維新の時にあまり意気地よくないですね。

奈良本　高杉ぐらい……。

海音寺　あと周布政之助ぐらいのものでしょう。それに比べて、薩摩は一合も減らされないですから、徳川氏を憎むべき筋合は一つもない。人によりますと、宝暦年間の木曽川の治水工事のうらみがあるだろうというけれども、あれは藩では一般には知らせないようにしているんです。だから、あの時代の藩の記録を調べましても、なんでもないように書いてあります。あれは徳川氏の勢力のまだ非常に盛んな時代ですから、なまじ藩士が知って反抗的に出ては大変なことになると考慮して、知らさないようにつとめたんでしょう。私共も、中学五年の時、岐阜県から人が来て講演したのではじめて知ったのです。それまでは全然知りませんでした。

奈良本　島津斉彬なんかは、むしろ幕府を助けて幕府を中心とする日本の統一国家というものを考えていますわね。幕府としても、島津斉彬という人を一番頼りにしていますよね。

海音寺　もっともあの時代は、あれよりほかに考えようがないでしょう。幕府は現実の政権担当者なんですから、これを助け、これを強化して、日本を強化しようと考えるのが最も自然でしょう。もっと斉彬が長生きして、幕府のゴタゴタがつづいたら、もちろん考えはかわったでしょうがね。あの当時としてはあれよりほかに考えようがない。長州でも航海遠略の策という公武合体政策ですからね、あの頃までは。

奈良本　その時長州は、あのプランにのらないんですよ。

海音寺　それで長州人が時勢に対して憤りを持つようになったのは、吉田松陰から始まるんですから。

奈良本　そうですよ。吉田松陰が、「いま長州に燃えてる火は、俺がつけたんだ」ということを、はっきりいってますね。

水戸学の攘夷思想とその魅力

海音寺　幕末には、いろいろな意味の教育家がいますね。そのはじめは水戸の学者の連中が教育家でした。水戸には藤田東湖、戸田蓬軒、会沢正志斎、豊田天民等がおりまして、天下の志ある青年達が水戸へ水戸へとみんな行って、これらの学者らから洗礼を受けたのです。松陰も行っていますね。西郷も行っている。橋本左内も行っているという調子で、みんな行っている。土佐の坂本竜馬も桶町の千葉道場を通じて水戸の洗礼を受けています。千葉道場は宗家の周作以来ずっと水戸と関係の深い道場ですから、水戸学の洗礼を受けていると思われます。水戸がどうしてあの当時の若い志のある連中にあんな魅力的だったかということを考えてみたことがあるんですよ。

ペリーが来てから、日本の周辺に欧米の勢力が迫っている。それに対する対策をどこの藩の学者も持たないんです。ただ水戸の連中だけが、対策らしいものを持っていたのです。実際に役に立つ、立たないは別として。これはやってみなければわからないことで。ともかくも対策らしいものを持っているということ、それが魅力だったろうと思うんです。

奈良本　もう一つは、その当時の連中は中国のことを知っているんですよ。吉田松陰でも、支那の歴史だったらよく知っているんです。ところが日本の歴史は知らないんです。長崎に行った時に、初めて日本という国はいかなる国かを考えなければならなくなってきた。オランダの船が来たりなんかしていますから。この国がいったい何かというのは、歴史を見なきゃいけない。その歴史は水戸の『大日本史』が、当時信頼すべきものですね。水戸学をやらなきゃならないということですよね。それで松陰は水戸を見直さなきゃならなくなった。

海音寺　それで水戸へ行って『六国史』を読まなければいけないといわれたが『六国史』という書物の名前を聞くのも、松陰は初めてだったらしい。それで帰って牢屋にほうり込まれて、『六国史』を兄さんに差し入れてもらって読んでいる。

奈良本　それまでは『二十一史』なんかですよね、中国の。いってみれば、大正のインテリみたいなもので、大正時代のインテリというのは、外国のことはたいへんよく知っているけれども、日本の歴史は一つも知らない。日本の文化は二流だという、そういう考え方がありましたけれども。あの当時もそういうことがあったと思うんです。それをあえて堂々とやったのは水戸学でしょう。会沢正志斎が『新論』なんか書いたのも、まさにそれですね。

海音寺　江戸時代には諸藩に藩黌というものがありますね。長州に明倫館があり、薩摩に造士館があるというようにね。その藩黌の教授科目に史学があるのですが、これは支那史です。春秋・左伝・史記・漢書・後漢書・三国史などの支那の歴史書です。日本史ではありません。日本の歴史は学問の対象にならないと考えられていたのでしょう。ところが水戸は違う。日本を明らかにすること、自分の足元を固めて、国柄というものに対する自覚を持つということ、これがしっかりしないと外国に対して何もできないではないかというところから万事をはじめるわけです。それで、日本人とはいかなるものかという自覚に立ち、国柄の美しさを知り、これを護持し、犯すものは容赦なく打ち払えということになる。

奈良本　攘夷思想ですね。

海音寺　現実面に適用してそれが役に立つか立たんかということは適用前の時点ではわからんが、一応の対策であるには違いないですからね。ほかの藩の学者は五里霧中で、なんにも対策を持たんのですからね。無為無策の人は青年には全然アピールしませんよ。松陰はこの水戸の攘夷説に打たれて帰って来て、説きはじめたのですね。当時長州には学者はだいぶいたはずですが、それらの学者は時事問題についてはすべて無為無策であった。松陰だけがそれを活発に取り上げて、対策を研究したのです。これは若い連中にとっては非常に魅力的だったはずですよ。その上、松陰という人はたいへん純粋な人で、天性教育家にできているような人ですからね。青少年らにとっては抵抗できない魅力だったに違いありません。

奈良本　相手を信じますから。身分を越えて人間を見ますね。

海音寺　私も学校の教師の経験が満八年ぐらいありますが、子供というものは叱ったりなどするよりも、相手のいいところを見つけてやって、おだてるのが一番効き目があるという感じがします。

奈良本　松陰というのはたいへんほめ上手ですね。

海音寺　それが松陰においては、テクニックじゃなくて、天性でできるんです。これは見事です。あの人がもし女が好きだったら、女もやたらできただろうな（笑）。

奈良本　ほめ上手でね。

西郷隆盛の人気の秘密

海音寺　西郷隆盛にもそういう点があります。彼はもともと学者ではありません。学問的にも松陰みたいに学者的な深さはありません。彼の場合には学問に対する考え方も、理論などには重きをおかんのです。実践における急所をつかむということが、自己修養法においても、人に教える場合にも、重要だったようです。

西郷隆盛（国立国会図書館蔵）

奄美大島に流されている時、彼は島の人々に頼まれて、子供らを数人預けられて教育しています。ある時、子供らに「一家仲良く暮す方法があるんだが、お前らわかるか」と設問しました。するると、子供らは、五倫五常を守ることですと答えました。ふだん『論語』などを講義されていますから、そう答えたのですね。すると西郷は、「それに違いはないが、それは表看板だ、もっと手近なところに、ほんとのことがあるはずだ、よく考えよ」といって、考えさせました。結局、子供らにはわかりませんので、西郷が教えています。「欲を忘れることだよ。たとえばここにおいしい菓子がある。誰も食べたい。その場合、みながその食べたい欲をおさえて、弟は兄に、兄は弟に、子は親に、親は子に譲るというようにする。骨のおれる仕事のある場合もそうだ。楽をしたい欲を皆がおさえて、先を争ってそれをするというようにするのだ、必ず一家仲良くなれるのだ」と教えたといいます。これは彼自身の修養の方法でもありました。労は自ら引受け、功は人にゆずるというのが、彼の生涯を通じての生活態度でした。有名な、「いのちもいらず、金もいらず、名もいらぬ云々」という彼のことばは、一切の欲を離脱し切った人にたいする賛美のことばなのです。アウト・ロウの人を許容することばと解している人がありますが、大へんな誤解ですよ。西郷は、欲を離れることに人間修養の最大の急所があると考え、生涯その修養につとめた人です。

奈良本　彼は財産を一つも残していませんね。

海音寺　ひたいに汗して労働すれば、どうやら衣食住できるという程度の田畑はのこしています。ふところ手してノホホンとしていては暮せないほどのものです。

奈良本　明治維新のとき活躍した連中というのは、欲の深いのは少ないですね。高杉晋作なんていうのも使いっぱなしでしょう。伊藤博文だってそうですよ。なんにも残していないですね。滄浪閣というぼろ屋が一つ残ってるだけですから。大久保もそうでしょう。

海音寺　もっとも、そうでなければ人はついてきませんよ。革命運動するのに人がついてこない革命家じゃしょうがない。だから長州人にしても、井上馨なんかは後からついていく人間がいないんですよ（笑）。

奈良本　山県にしても井上にしても、維新前までは、大変よかったんですがね。そういった点で、西郷はどうだったんですか。

海音寺　人気は実にすばらしいですね。西郷の藩内における人気が薩摩を維新革命の主勢力にしたのですよ。島津久光という人の本質は最も濃厚な保守家ですから、西郷がいなければあるいは島津幕府を作ろうとしたかも知れません。封建制度を護持したことは確かです。久光がその心でいるかぎり、大久保では防ぎきれませんよ。大久保は、久光によって取立てられた人物ですから、久光に対しては奇妙に弱いのです。文久三年秋に薩摩が会津と手を結んで長州を京都政界から追いおとしたあとの始末がつかないでアップアップし、結局西郷を沖永良部から呼びかえして始末をつけさせたという経路を見ても、大久保の久光に対する弱さがよくわかります。しかし、西郷は久光などを少しも恐れはしませんからね。ですから西郷という大人望家がいて、藩内のイキのよい連中の人気を集め、西郷のためには死んでもよいとまで皆に思いこませていたのですから、久光としてはどうしようもない。彼は幕府政治を廃したくはなかったのですが、薩摩が主勢力となって幕府を倒すのを許しました。不本意ながらですよ。彼はせめて薩・長・土・肥の四藩の合議政体を中央にすえ、封建制度はのこしておきたかったのですが、東京政府は廃藩置県・郡県制度にしてしまいました。廃藩置県の直前、四藩がご親兵という名目でそれぞれ藩兵を東京に差出しましたね。久光はこれには異議をさしはさまなかったのですが、廃藩置県には不平満々、終夜花火を打上げて鬱憤を散じましたし、そのあと「昔の世に引きもどす」と称して家臣群を東京に出しているのですからね。久光が薩・長・土・肥四藩侯の合議政体を意図していたことはほぼ間違いないところでしょう。

久光が最も憎んだのは西郷ですよ。こんな風になったのは、西郷のなすわざと思ったのですね。大挙東京に出て来た家臣群は西郷を斬れば昔の世に引きもどせると思っていたのですからね。久光がそう指示したのでしょうがね。大久保はそれほど憎まれてはいません。西郷がこんなに憎まれたのは、藩内における彼の人気がすばらしかったからなんです。

ともあれ、こんなわけで、薩摩藩が革命勢力になり得たのは西郷がいて、久光の意志とかかわりなく藩の人的資源を動かすことが出来たからですよ。西郷は下士だった頃から、久光よりはるかに藩内の人気が高いのです。しかし、この人気がまた西郷を滅ぼしもしたのですね。あの人はあんなに人気がなければ、とうの昔に隠居して、薩摩に帰って百姓をしながら、時々うさぎ狩でもして、余生を送った人ですよ。また送りたかった人ですよ。

長州藩の人材登用法

松陰は、世間であまり知られていませんが、殿様はたいへん彼を買っていますね。

奈良本 それから周布なんていうのも。だいたい松陰というのは、そういう連中には愛されていますよ。人間的に純粋な人で、あいつはいいヤツだということになっている。だから、松陰の多少は激しい上書がいきますわね、殿様に。こんな激しい上書を出してなんだという意見もあるわけですよ。しかし殿様は、もしもその上書を禁止したら、松陰が発狂するかもしれん、あれには大いにいいたいことをいわせてやれといって、上書があまり来ないと、ちかごろ寅次郎の上書が来んがどうしたか、と聞くんですから。一方では、非常に人間的に好かれている。片一方では、あんなきついこと、激しいことをいっているという反対派の連中はかなりいるんですけれども。

海音寺 長州というところは、おもしろいところですね。人材を愛する気風が上の方にありますね。薩摩あたりでは、たとえば西郷なら西郷、大久保なら大久保という人間を、一般の人間は、かれらのいうことならついていこうという風があるんですけれども、上のほうはそうではないんですよ。島津家は今でも西郷の話をしますといやがるんですよ。

奈良本　島津久光なんていうのは実に憎んでいましたね。

海音寺　憎み切っていました。その久光の系統ですからね、今日残っている島津家は。案外根強いものですよ、いまでもいやがります。

奈良本　長州というところは、みな人材を殿様が作るんですよ。長井雅楽というのが出てきますけれど、当時智弁第一といわれた男です。これは西郷に殺されたと言ってもよいくらいですけれども、西郷は、「あんなヤツはけしからん。もしも君の藩で斬れないなら、俺の藩で斬ってやる」といって、久坂なんかをおだてるものだから、久坂などが一所懸命走り回って彼を斬ろうとした、そして最後には陥れて、切腹させますけれども、藩主が彼を信頼して引きあげた。また周布もそうでしょう。反対派の坪井九右衛門、これもたいへんな秀才だったらしいですね。その他、松陰も第一級の人物にあげている来原良蔵とかたくさんおるんですよ。みんな藩主が目をかけるんですね。どこで目をかけるかというと、明倫館に出かけていくんですよ。一週間に一ぺんか二へん必ず出かけてみるわけです。「アレはたいへんいい質問をしているが、なんという男だ」というように頭に入れるわけです。それが度重なると、あの男は使えるということになる。学校の方も本気になるんですね。殿様がしょっちゅうやってくるものだから。

海音寺　薩摩の造士館というのは、そういうことには役に立たなかったらしいですよ。

奈良本　西郷なんかも造士館から出たのではないですね。

海音寺　行っていたことは行っていましたけれども、影響力はないですね。むしろ彼らは同志関係で集まって、『近思録』を研究したりなどして、そういうことの共同研究したことの方が、ためになっているようですね。

奈良本　陽明学というのはどうなんですか。

海音寺　陽明学を西郷が学んだというのは、記録の面からは出てこないんですよ。ところが西郷自身は、陽明が達したと同じ境地に達していますがね。

陽明は「知行合一」の知は「良知」で、単に頭脳的の知ではなく、全心全霊を以ての納得である、それは一切の欲念を去って心を拭き切った鏡のごとくして、その心に照らしてみることによる納得で、そのままに実行可能のものであり、これが本当の「知」というものだというのですね。西郷の無欲の説や敬天愛人の説と実によく似ていましょう。西郷はとくに陽明学をやった形跡はありませんが、達したところは陽明の達したところと同一境地なのです。京都時代に弟の従道を春日潜庵につけて陽明学をやらせていますが、それは西郷の無欲の説を聞いた誰かがそれは王陽明の説に似ているといったので、興味を感じて従道をすすめて春日のところへやったのでしょう。京都時代の西郷はもう薩摩の要人になっていて、学問などやっている暇はなかったはずですから。

もし西郷が陽明学をやったとすれば、佐藤一斎の『言志録』による間接的なものですね。『言志録』は熟読しておりますから。抄本を作っているくらいですから。松陰という人は確かに『伝習録』などを読んでいますね。高杉も読んでいるし。

奈良本　長崎で読んでいますね。

松陰を支えた行動原理

海音寺　松陰の場合は陽明学を全面的に認めているわけではありませんね。ただ陽明の説くところが、往々にして自分の心に契合する。そこをとって用いるのだといっています。松陰という人は、牢屋に放り込まれていた時は、行動したくてうずうずしている人でしょう。ますます陽明学に魅かれたんですね。

奈良本　時代もそういうことを感じさせるんでしょう。いってみれば乱世的な感じがしますから。そういう時代には聖人の教えよりは、もっと強烈な行動の原理が求められるのですね。日が西の空に沈んだ時代という感じですから、その時は星こそが頼りだという考え方です。闇夜の導きですから、それは尋常ではなくて、むしろ狂でなければならないということを言いますわね。狂というのは中庸についで二番目でしょう、陽明学では。中庸というのは、聖人君子だけに許される行動ですかな。

高杉晋作になると、それこそ狂という字をものすごくよく使う。東洋一狂生とか西海一狂生、狂生又狂生とか穴門一狂生というのもありますし。みんな使いますね、あの時代には。西郷という人は狂というのはどういうふうに考えたんでしょう。

海音寺　あまりないですね。文久二年に島津久光が最初に兵を率いて出てきますね。あの時、西郷は先発として京都まで行きます。すると京都詰めの青年達が熱狂していましてね、もう革命の時代が来たというふうに感じるんですね。激しいことを言うんですよ。そうすると藩邸に詰めている役人の連中ではもう対応できないんです。そこで、みんな西郷に投げかけるんです。西郷は全部それを引受けて、若者らを叱りつけてますね。おはん方みたいに勤皇じゃ勤皇じゃと目をつり上げて走り回って、叫び立てていれば勤皇になると思うのか、人間はどこをどう押せばどうなるという見極めをきちんとつけないかぎりはめったに動くものじゃない、俺が出てきたのじゃから俺にまかせておきなされ、死に場所は立派に見つけてあげる、俺も一緒に死にますと言って静めています。

松陰の方は動けない。萩の片田舎に引っ込んでしかも牢屋などに入っていて、情報もあまり入らない。それであの時期の情報判断もだいぶ誤ってます。弟子達もいうことを聞かんのですよ。そうするとかんかんに立腹しますね。絶交するといって。

奈良本　おまえとも絶交、おまえとも絶交と次から次へと。

海音寺　俺は忠義をするつもりでいるが、おまえらは功業を立てるつもりなのかと言って怒ったりしますね。あれは名文句ですがね（笑い）。

奈良本　それから「至誠にして通ぜざるものはあらず。至誠にして動かざるものはあらざるなり」という言葉。

海音寺　あれは孟子の文句ですね。しかし、松陰という人はそれでだまされてもかまわんと、幕府の裁判の時にアケスケに言ってしまうでしょう。そのため、ついに死刑になってしまう。しかし松陰の教育の効果があって、時勢の転換ができたんですよ。それで彼の「至誠にして動かざるものは未だこれあらざるなり」という信念は立証されたんだと思います。ただ松陰の生前にそれが立証されなかったというだけのことですね。

奈良本　あの時代は〝誠〟というのは大きな力を持っていますね。なんで動くかという一つの基本的な考え方の底には、誠というものがありますね。誠のない人間というのはだめなんですよ。そういう人間は人がついてこないんじゃないですか。その誠が信頼感を与えるというような気持がしますね。支えているものはなんだろうと思ったんですよ。何か宗教的なものがないかと思って。西郷もないですわね。仏教信者でもなければ、神様を信じたこともない。松陰もそうです。結局、自分に頼るところが非常に強いんです。自分といってもエゴに頼るんではなくて、誠というようなものに……。

海音寺　西郷においては天ですね。松陰においては誠でしょう。誠が御本尊なんでしょう。天も誠もつまりは同じなんですよ。

奈良本　つまり、至誠天に通ず。思想的には、結局天人一致でしょう。

海音寺　だから儒教的なものですよ、彼らの思想は。儒教的でないなんてことは、あの当時の人には考えられないことです。洋学者なんかは別ですけれども。（海音寺後記――儒教の弊害を過大視する現代の固定した見方をここではしばらくやめて考えていただきたい）

奈良本　洋学者でも、最後のモラルを支えているのは儒教ですね。象山にしてもそうじゃないですか。「東洋の道徳・西洋の技芸」という有名な言葉がありますね。松陰は洋学に対して、大変興味は持っているようですが。

海音寺　結局ものにならなかったですね。

奈良本　すぐ牢屋にぶち込まれますし。しかし手紙を読んでみますと、洋学を勉強しろ、洋学を勉強しろとよく書いてる。

海音寺　佐久間象山などについくから駄目なんです。象山の洋学というのはたいしたことはないです（笑い）。一を聞いて十を知るぐらいですから、見識はありますよ。オランダ語などろくに読めなくても、パッとわかっちゃうところがありますから。しかし、本当に学ぶつもりなら、も

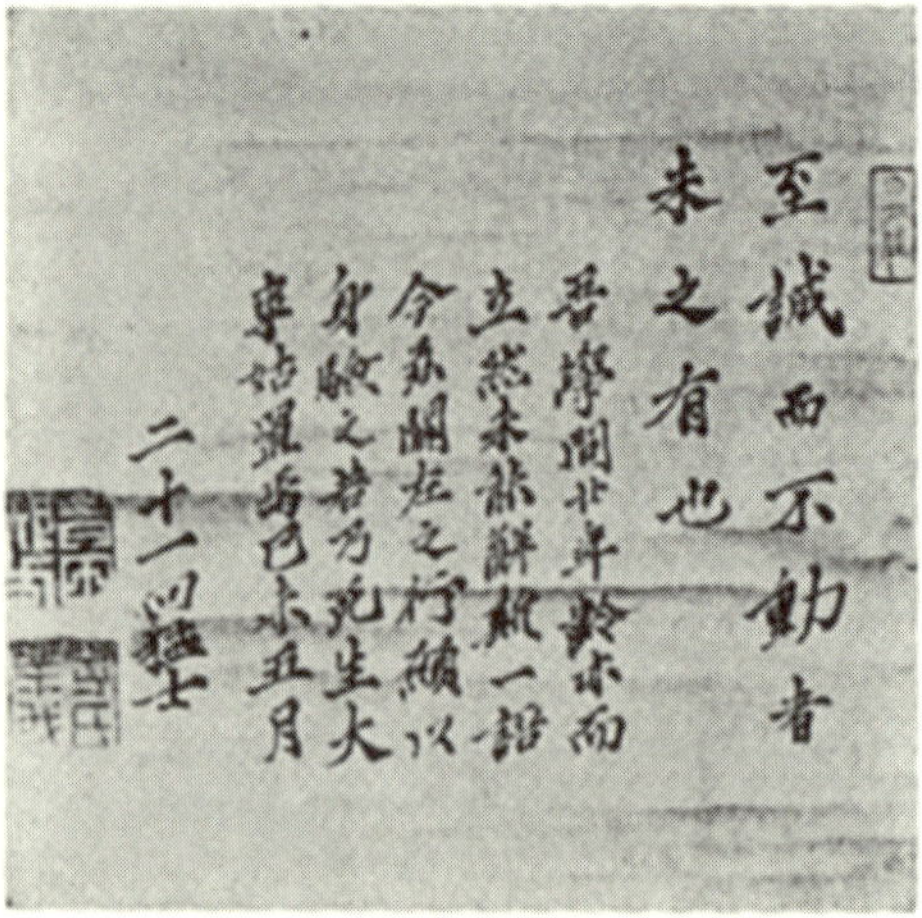

至誠の書

っと地道にいかないと（笑い）。

奈良本　佐久間象山の方は、天下国家の方が先にくるわけですから。

海音寺　松陰ぐらい漢学ができて秀才だったら、まどろっこしくてやっておられなかったかも知れません。

奈良本　中国を通して漢訳がいくらでも入ってくる。横井小楠なんかも横文字は読めませんが、しかしその当時最高の西欧の知識を持ってますわね。その当時の中国は、ずいぶん西洋のものを翻訳してます。またオランダから西欧諸国のことを記した報告書が幕府に献上される。それを各藩に配るんですよ。松陰もそれを読んでます。それで世界情勢を知る。彼ぐらいならわかるでしょう。

海音寺　福沢諭吉が言ってますね。自分は文学的才能があるためか、よくわからんところでも翻訳は人より上手だったって（笑い）。読んでて、大体こんなことを言ってるんだろうと書いちゃうと、その通りなんだそうです（笑い）。

奈良本　そんなものですね。大久保なんていう人もそうでしょうな。あの人もそう学問はないんですよね。

海音寺　あの人は学問はありません。だから木戸孝允が、つねに大久保は学問がないと軽蔑していた。木戸孝允だって、そう学問があったとは思われないけれども。

奈良本　ないけれども、現実を把握する能力というのは大変なものですよね。

海音寺　あの当時学問があったのは、幕府側の連中のほうがずっとありましたよ。いまみたいに知能テストをしてみれば、幕府のほうがはるかに優等生が揃っているんですよ。結局英雄が少なかったということでしょう、幕府のほうには。

奈良本　蕃書調所などに出ている連中というのは、オランダだとか外国のことについちゃ、とてもかなわないほど知っているし、また外交関係の仕事をした官僚どもも優秀ですわね。岩瀬忠震とか永井主水正とか川路聖謨だとなかなか優秀ですよ。あれだけの役人というのは、諸藩にはいませんよ、とても。

見事な死生観への到達

海音寺　話が変りますが、松陰が最後に江戸送りになる少し前に、入江九一宛に手紙を書いてますね。あれは非常に見事な死生観だと思うんですよ。死生一如という言葉、この言葉は手垢がつきすぎているけれども、ああいうのを死生一如というんだろうと思いますけれどもね。

奈良本　諫死、誅死など様々な死をあげて、死というのは、たいへんむずかしいようだけれども、よくよく考えると案外やさしいんだと言っています。逆に生きることの方がむずかしいと言っている。本当に生きるということは、ただ生きることじゃない、そうした生は死んでいるのと同じなんです。松陰においては。常に緊張して、美しく生きるということですからね。「此道至大、餓死、諫死、縊死、誅死皆妙、しりぞきて一生を偸《ぬす》むも亦妙。一死実に難し。然れども生を偸むの更に難きに如かざる事初めて悟れり」と言っていますね。

海音寺　そうですね。死に急ぎもしなければ、死に遅れもしない。死ぬべき時が来たら死ぬ。それまでは精一ぱい見事に生きる。これが死生一如の感です。死と生の間に垣根がない感じですよ。これが三十やそこらで、そこに至ったことは、大変なことだと思いますがね。

奈良本　今自分が三十で命を終えても、百まで生きた人に決して劣ったとは思わないと言っています。

海音寺　西郷がそこへ達したのは、月照と心中しそこなったあたりからでしょう。彼にすれば、大変な悩みだったに違いありません。当時の武士が自殺を決意して、やりそこない死ねなかったということは、大変な恥辱ですよ。しばらくは西郷の友人や西郷の家族らは、西郷の目の届くところに刃物を置かなかったと伝えられてます。

結局死ぬにも死ねない。今さら死ぬのはかえって恥辱を重ねることになる。そこで、悩みに悩んだ末、これは天が自らを殺さなかったのだと考えることでやっと心のやすらぎを得たんだと思います。すなわち天に任せるという信仰が生じたのだと思います。儒教では天の徳は仁愛であるとしてますし、彼は本性が愛情の深い人ですから、敬天愛人の思想となったのでしょう。この敬天愛人に彼の一切の欲を絶つという修養法がきびしく結びついていることは言うまでもありません。おのれを愛するはよからぬことである。おのれを愛する心があるから、天の徳たる仁愛を体することが出来ないのだというようなことを言っていますからね。

奈良本　あそこはたいへんなことだったでしょうね、西郷にとっては。

海音寺　月照との事件はたいへんな境目だったと思います。西郷はあれから後、普通の武士なら自殺したに違いない目にいく度も合うんですが、決して自殺はしないのです。島津久光の怒りにふれてどういう処罰にされるかわからないというので、兵庫の浜で大久保がさしちがえて死のうと言いますが、西郷は大久保を諌めて処罰されて死ぬのならおれ一人受ければよか、おはんまで死ぬことはなかと言ってしりぞけています。またその後久光のために沖永良部島に流されて、ここでは死ねよと言わんばかりの、酷烈むざんな扱いをされるんですが、決して自殺しません。それから城山における最後でも、自殺はしないですね。敵弾にあたってから、首を切らしてますね。

この問題、僕の友達が「どうも西郷は命を惜しんでるような気がする」というんです。「そうかね、死と生の間に、普通の人間なら際立った何かがあるのに、それのない感じじゃないか。すーっとごく無造作に足どりを乱さず入っていった感じじゃないかね」といったことがありますがね。

奈良本　西郷は腹切ってないですからね。

海音寺　その面では、東洋流の死生一如といいますか、それには二人ともだいたい三十代で達していますね。松陰だってそうですよ、何回も牢屋に放り込まれてね。今日の我々の考え方からすると、これは名誉の入獄であって、捕えた方こそ恥ずべきだと考えるのですが、あの頃の武士にしてみれば、名誉だなんて考えられません。やっぱり恥辱だと思いますよ。

西郷は自分が罪人として流されたということを、終生恥に思っていますから、だから今日の人が考えるのとその当時とでは大分考え方が違うんですよ。

人間教育の実践

奈良本 決して名誉で牢屋に入ったとは思いませんね。話は変りますが、今の教育というのは、人間を育てる教育じゃないですね。一堂に集めた人間に類型的な、型にはまった教育を押しつけていく。人間を見ていないですからね。

海音寺 今の学校教育は立身出世のテクニックを教えるやり方でしょう。昔の教育は人間を作るというのじゃないですか。教育を昔のとおりに力をあらしめようとすれば、大学は卒業証書をやめるべきですよ。そしてほんとうに学問したい人間だけを大学に入れる。

奈良本 人を見る教育というのは、人間の個性を見る教育ということなのですよ。それをやったのが松陰だった。松下村塾がまさにそれです。

海音寺 松下村塾を出たからといって、藩の役人に登用されるわけでもなんでもない。

奈良本 むしろ主流は明倫館なんですから。高杉なんていうのは、隠れて行ったわけですからね。

松下村塾

海音寺　家格からいったら、松下村塾に行くべきじゃない。

奈良本　ところが松陰の所へ行って高杉というのは伸びるわけですね。その人間を見てくれるからですね。藩校の明倫館へいくと、きまりきった講義と型にはまった教育しかしないから、馬鹿馬鹿しくてしょうがないわけですよ。だから彼は剣道ばかりに打ち込んで、新陰流の免許皆伝になる。武人ですね。

海音寺　この前写真で、彼のもらった柳生流の伝書を見ました。

奈良本　そんな時に久坂が高杉に、「あなたは明倫館がおもしろくなさそうだけども、おもしろい学問がある。松下村塾に行ってみろ」と言って引張っていく。

海音寺　久坂が引張ってきたんですか。

奈良本　久坂は明倫館きっての秀才ですから、松陰が外国に行こうとして牢屋に入れられた、その一つの行為に感激するわけです。そして彼は松陰に手紙を出すわけですよ。松陰はそれに対して冷たくあしらうが、久坂はそれにもめげず、また手紙を書く。それで松陰がこの男は見所があるといって、自分のところに来させるんです。

海音寺　とうとう妹までやりましたからね。

高杉のお父さんの小忠太という人はまじめな人でしょう。あんなまじめな、いってみれば小心翼々という人に、よくあんな子ができたものだと思うな。

奈良本　おじいさんもおとなしい人ですから、あれはお母さんの方でしょうね、血統は。その高杉が行ってみると、時事問題が入っておもしろいわけですよ。孟子を論じても、いつも新しい問題が入ってくる。現代といつも関連した講義をするわけですよ。それで、こんな学問があったかと思うんですけれども。

海音寺　松陰が特に孟子を好きだったのは、よくわかるな。

奈良本　高杉に対する考え方は、山県とか伊藤に対する鍛え方とは違うんです。というのは、足軽の子は学問も何もしていないので、出来ないのは当り前です。だからその連中には決して厳しいことをいわない。しかし高杉には競争力をあおるわけです。久坂というヤツはよくできる。あいつは才も学もある。そういうことをいってほめるわけです。すると、なにあのやろうに負けるもんかという気持を高杉が起こすわけです。

それを知っている。いつも久坂をほめるんですよ。高杉はかんかんになって勉強して、いつの間にか久坂と並んじゃうわけです、学問においても。そうすると、高杉という人間は胆力も識見もあり、学問もあるということで認められるわけですよ。

海音寺　だから教え方はその人間を見て、この人間はこういうふうに教える、この人間はこういうふうに教えるということをやったのが、松陰ですね。現在の教育はその人間を見ないでしょう。

奈良本　試験して点数をつける、あれがよくないんだな。

点数ですな、問題は。

屹立した松陰の存在

海音寺　松下村塾というのは革命学校みたいなものでしょう。どうでしょうね……あの当時の社会に日本の建設に必要な学問を教える大学、学校というもの……ちょっと想像がつきませんね。想像つかないけれども、日本人としての根本精神を忘れるなということは最もきびしく言うんだから、もし松陰がずっと生きていれば倒幕後はそっちの方をうんと強調するんじゃないでしょうか。松陰の弟子の前原一誠が萩の乱を起こして死にましたね、あの前原一誠と共に萩の乱を起こしたかもしれないと僕は思うのです。そうすると、萩の乱は形の違うものになる。松陰先生をたたきつぶすわけにはいかんから、明治政府もだいぶ考えるでしょう。

奈良本 それこそ西郷南洲と吉田松陰と二人が反省を促したら、かなり大きなものになると思うんですよ。

海音寺 当時のことだからうまくいかないかもしれないけれども、二人で組んで反省を促す運動を起こしたら、たいへんな力があっただろうと思いますがね。前原一誠という人は、松陰という人の衣鉢を一番伝えているような気が僕はするんですが、松下村塾のお弟子の中じゃ。

奈良本 そうですね。前原一誠、それから品川弥二郎というのがよくやったしね。非常にまじめで、無謀な選挙干渉なんかやって、たいへんな失敗もやりますけれども。あの真面目さでしょう、おそらく。伊藤とか山県というのは松下村塾というものを盛んに宣伝しますけど、たいした門人じゃないですよ。

海音寺 伊藤に対しては松陰の批評がありますね。

奈良本 周旋の才能があるというのですね。松下村塾の双璧は、なんといっても高杉と久坂ですね。次いで吉田稔麿。入江兄弟というのも、松陰が評価してますが、ほんとうに最後まで松陰に尽した。

海音寺　松陰という人は純粋すぎて実際に革命家として不適当だった。たとえば間部老中要撃を計画した時に、前田孫右衛門に大砲の弾を貸してくれといったり、周布政之助にも手紙を出しています。藩の要人でしょう、彼らは。こちらに至誠さえあれば通じないはずはないと信じ切っているからですが、そんな革命家はいないですよ（笑い）。そういう点では子供のようにうぶいのです。だからこそ、教育者としては最も立派だと思いますがね。

奈良本　革命家としては策がなさすぎますね。

海音寺　それくらい純粋な人で、裏、表のない人ですね。

奈良本　高杉なんかは、天性の革命家ですよ。頭がシャープで行動力があって。

海音寺　薩長連合に働いていた土佐人で土方久元というのが、維新時代の人物として英雄をもって称せられるべき人物は、長州の高杉、土佐の坂本竜馬、薩摩の西郷、この三人しかいないと言ってますよね。いかにも英雄的風格に満ちていたんでしょうね、この三人は。

奈良本　竜馬は三人の中じゃ落ちるような気がするんですけどね。

海音寺　竜馬の場合には、浪人ということを考えなきゃいかんですよ。土佐藩を背景にしていない。常に人のふんどしで角力をとるのですから（笑い）。

奈良本　一番本を読んでいないのも竜馬ですな。ほとんど読んでない。聞きかじりばかりですから。彼は勝海舟という人がいなかったら、全然伸びなかったでしょう。

海音寺　僕は坂本竜馬日記を見て、大政奉還の構想というのが、勝海舟に始まるということを突きとめましたが。

奈良本　勝はそこをよんでますね。勝ほどの人間が、薩摩や長州にいたら、たいしたものだと思いますよ。

海音寺　たいしたものだと思いますね。

奈良本　場所が悪かったですね。

海音寺　あれは最後には幕府も使ったけれども、それまではほとんど使わんですからね。才能があっては、かえって具合が悪いという面がありますよ、幕府というところは。

奈良本　そうですね。それで有能な官僚が全部だめになっちゃうんですから。あの才能をみんな殺したというところに、幕府が滅びた原因があったんですね。ところが長州とか薩摩は、ちょっとした才能をみんな引き出して使ったということでしょう。

海音寺　私は日本人が歴史上行なった革命というのは、明治維新だけだと思うんです。大化の改新は、単に権力闘争だとしか思われない。明治維新だけが革命と呼べるものですが、それだって非常に不徹底な形で終わって、革命が完成したのは、今度の敗戦、昭和二十年八月十五日をもって完成したのです。というのは、維新が革命たる所以は、日本が統一国家になったことと、日本人の社会が一君万民という形で市民社会になったことにあると思うのですが、維新後、日本はしばらくして華族・士族・平民と階級をつけ、またしばらくして公・侯・伯・子・男などと爵位をもうけて屋上屋を架したでしょう。維新革命の成果を半分つぶしたのですが、それをやったのがかつての革命戦士のなれのはての連中なんですからね。何たることぞやですよ。

ぼくはこの頃、戦前なぜあんなに軍人がいばっていたかを考えてみて、どうやら彼らは昔のさむらいのつもりであり、世間でも暗黙のうちにそれを認めていたらしいと気がつきました。

こんどの敗戦をもって、華族制度がなくなり、軍人という特権階級がなくなり、はじめて日本には真の意味の市民社会が出来ました。維新革命が完成したのです。しかし、その時にはもう次の革命を必要とする条件が出来つつあるのですがね。

大体、日本人は革命などという激しいことは嫌いなんですよ。元来が自然環境の温和な土地における農耕民族で、おとなしい、どちらかといえば女性的民族ですからね。

奈良本　それは徳川三百年間を維持したんですからね。

海音寺　いままで政治上の変化というのが何回かあるでしょう。大化改新がありましたが、その律令制がいつの間にか摂関政治になり、その摂関政治がいつの間にか武家政治になりました。どこにも際立ったきれ目らしいものはなく、いつの間にともなく、なしくずしに変って来ています。短い期間に国民のエネルギーがパッと出てくる、革命と称すべきものは日本にはないのです。

維新時代に、武家政治をやめる時に、初めて革命らしい変化があったのですが、あの程度のはげしさですみました。イザヤ・ベンダサンが、日本人は政治の天才だというのはここですよ。（笑い）革命なんていう荒々しいことをやらずにちゃんと変革すべきものは変革していく。

奈良本　そういう点では松陰なんかは、きわめて際立った存在ですね。

海音寺　非常に際立った存在ですよ。そういう点では松陰という人は、自分では純粋に日本人だと思っているんでしょうけれども、日本人離れしています。（笑い）西郷もまたそうです。維新の志士は皆日本人離れしていますよ。

明治・大正・昭和の松陰像

田中彰

一

山口県の瀬戸内側に育った私は、戦時中よくいわれたものだ。同じ長州でも長門は多くの偉人を輩出したが、周防の方はさっぱりではないか、と。いうところの偉人輩出の拠点は松下村塾だった。そして中学では吉田松陰の「士規七則」を暗唱させられた。朝礼毎に高唱するその一節一節は、しだいに松陰のイメージを固定させたのだ。「一、死して後已む の四字は言簡にして義広し。堅忍果決、確乎として抜くべからざるものは、是れを舎《お》きて術なきなり」――十代の少年たちの胸底には、日一日と激しさを加えつつあった太平洋戦争への死の参加を決意させたのである。だから、私たちに焼きつけられた松陰像は、軍国日本と二重写しだったのである。

いや、それは少年たちだけではあるまい。この戦争下にあっては、吉田松陰は戦争遂行の思想動員にフルに活用されたのである。昭和十八年発行の『松陰主義の生活』（サブタイトル「日本臣民の道」松陰精神普及会本部刊）の「必読!! 実践!!」と書かれたその表紙には、次の一文が刷りこまれている。「個人主義を捨てよ。／自我を没却せよ。／わが身は我れの我ならず、／唯だ　天皇の御為め、／御国の為めに、／力限り、根限り働く、／これが松陰主義の生活である。／同時に日本臣民の道である。／職域奉公も、この主義、この精神から出発するのでなければ、臣道実践にはならぬ。／松陰主義に来れ！／面して、日本精神の本然に立帰れ！」と。松陰の「殉国的精神」「真の滅私奉公の精神生活」に学び、それを実践せよ、というのである。

同じ頃執筆され（「あとがき」日付は昭和十七年一月八日の大詔奉戴日、同十九年刊）、やがて刊行された岡不可止著『松下村塾の指導者』（五万部印刷）は、「大正末期から昭和初頭を吹きあれたあやまれる思想」の渦中におちこんだ「不倫の子」としての筆者が、いかにそこから脱却・転向したかを「告白」しつつ、〝松下村塾の指導者〟像の中に、「永遠不滅の日本の歴史」の再生をみ、「魚雷を抱いて身を以て死地に投じた護国の鬼」に「松陰精神の権化」を見出し、「松陰先生の雄大な航海遠略の対外的経綸」の実現を、太平洋戦争に賭けて執筆したかを示したものであった。

こうした軍国主義とダブった松陰像は、学校教育の中で一層叩きこまれ、少年たちは〝小松陰〟として戦争へかり立てられたのである。

二

しかし、そもそも松陰像はそれまでどのように描かれてきたのか。

最初の松陰伝とされる野口勝一・富岡政信共編『吉田松陰伝』(明治二十四年)は、編年的な松陰史料集のごときもので、編者の茨城県士族野口は、そのあとがきに「宛然于冥想之間、其言論志気躍躍于楮墨之表、於茲乎、余大感先人之言」といいつつも、すべてを松陰自身に語らす手法をとった。

その二年後の明治二十六年には徳富猪一郎著『吉田松陰』が出た。ここで松陰は明治維新の「革命家」として描き出された。徳富は、「革命の大悲劇」を演ずるには、序幕の予言者と本幕の革命家、そして最後の打出しに登場する建設的革命家の三種の役者が必要であるとし、松陰を本幕の革命家に比した。「眼に見る所、直ちに手にも行ふの人也。時の緩急を料らす、事の難易を問はす、理想を直ちに実行せんとするは、急進家也、而して革命家なるものは、それ急進家中の最急進家にあらすして何ぞや」というのである。と同時に、彼は松陰の中に「真誠の人」「假作の人にあらざる」人間像を見出していた。

この彼が、松陰の中に「維新革命の健児」を見出せば見出すほど、そこには気鋭の平民主義史論家蘇峰・徳富猪一郎の現代批判が秘められていたのである。だから、この書は、「彼が殉難者としての血を濺ぎしより三十余年。維新の大業半は荒廃し。更らに第二の維新を要するの時節は迫りぬ。第二の吉田松陰を要する時節は来りぬ。彼の孤墳は、今既に動きつ、あるを見ずや。」（傍点引用者、以下同じ）という結語で綴られていた。

だが、蘇峰の松陰観＝現代批判も、日清戦争を機に大きく転回した。彼は維新の精神の結実を日清戦争の中に見たのである。その批判的論調は現実肯定へと変り、それと共に「革命家」松陰像は放棄された。明治四十一年民友社刊の改訂版『吉田松陰』では、新たに書き加えられた緒論で、日清・日露戦争にふれ、日本は「自ら求めすして、世界一等国に伍すこととなりぬ」といい、「顧みれは明治の時代も、既に四十年を経たり。大和民族か、世界列強と、対等の地歩を占む可き奮闘は、既に其の一段落を告けたり。此れよりは世界列強の一員として、国際政治に如何なる活動を為す可き乎」と、帝国主義イデオローグ蘇峰の立場を示していた。そこに描かれた松陰像は「日本男児としての吉田松陰、維新改革の卒先者としての吉田松陰」だった。だから、旧版の「革命家としての松陰」の章は完全に削りとられ、のみならず、カブール、ガルバルディと並ぶ十九世紀イタリア統一運動の代表的人物マッツイニと対比した「松陰とマヂニー」の章の代わりには、「松陰と国体観」「松陰と帝国主義」「松陰と武士道」等が加えられていたのである。この改訂版の次の結びの一節と、先の旧版の結語とを対比すれば、蘇峰における松陰像の転回と位置づけの変化は明々白々といえよう。

「唯た日本帝国を本位とし、過去、現在、未来を通して斯国に君臨し給ふ、我か皇室を中心として、之に向て国民忠愛の丹誠を統一綜合するにあるのみ。松陰先生をして、今日に在らしめは、復た決して斯言を易へさる可し。是れ蓋し松陰の身を以て、後人に殉へたる遺訓也。」

三

大正期の松陰像についてはなお今度にまちたいが、大正デモクラシーを念頭におきつつ、私は大庭柯公の「吉田松陰」（『柯公全集』第五巻所収。大正七年『大阪朝日』所載）をあげたい。

柯公・大庭景秋は、幕末動乱期の志士のパトロン下関の豪商白石家の出、正一郎・廉作らの弟にあたる大庭伝七（景明）の子である。長じて新聞記者となり、ロシア通として世に知られた。彼はロシア革命をいち早く敏感に受けとめ、大正十年、中国東北からチタを経て革命後のロシアに入り、同年十月、モスクワへ到着、以後杳として消息を絶った。

彼・柯公は、明治維新とロシア革命を重ね合わせてとらえた。「一九〇五年に兆した露国の革命が、その初幕の大成した昨年までには、十年の歳月を経てゐる。松陰が刑戮された安政六年から、明治の維新までは丁度また十年の日子が過ぎてゐる。随って世界主義の宣伝に浮身をやつした佐久間象山は、露国革命界の長老プレハーノフに比すべく、松陰はケレンスキー、東行（高杉晋作――引用者注）はレーニン、前原一誠はトロッキーとも見ることが出来る」と。この対比の当否はいまは問うまい。ただ、柯公がケレンスキーについては、別の論稿で「当時世界の視聴を一身に集め、一国の民望を一身に集めてゐた者は実に彼れケレンスキー」であり、「彼は其当時疑ひもなく幸福な大露西亜共和国の活きたシンボルであった」と述べていることだけはつけ加えておかねばなるまい。柯公はさらに松陰を「気の人」といい、また、もし、松陰と金子重輔が渡米に成功していたらと、みずからの空想をかけめぐらせた。その空想の中で柯公は、アメリカからヨーロッパへと松陰を巡遊させ、ロンドンでは、松陰をして幕府留学生に祖国の政治的革命を説かしめて心胆を寒からせ、また、イタリアのマッツイニやイギリスのグラッドストンとも会見せしめて、世界史的視野でとらえられた松陰に縦横の活躍を期待しているのである。

この空想をまじえた松陰への高い評価とインターナショナルな柯公の視点は、同時に、当時の日本の政治家、とりわけ長閥の批判に向けられていたのである。「松陰は地に藩域を認めず、人に郷貫を問はなかった」のに、「旧藩観念の殆ど全く失せてゐる大正の今日」に、山県有朋が寺内正毅を、寺内が田中義一をというように、長閥陸軍を形成しようとしているのは何事だ、というのである。幕末の安政は「闇政」と称されたが、「吾々は大正の御代を飽迄も大正の御代として送迎したい」と彼はいう。それには「倒閥が政治上の第一策」なのだが、もし今日の政党が為すところをしらぬならば、「維新回天の策を講じた松陰の役割は、愈々平民共の手に引受くるであろう」――これが柯公の松陰論の結論だった。松陰像は維新＝ロシア革命のプリズムを通して、その「平民」的役割を担わされていたのである。

四

昭和期に入ると、教育者松陰像がクローズアップされてくる。すでに昭和四年、大久保龍著『吉田松陰とペスタロッチー』が刊行されたが、広瀬豊は『吉田松陰の研究』（正続二冊、昭和五〜七年。合本改訂版は昭和十八年刊）を出した。それは初版本の刊行の辞がいうように、「兵学教育者」松陰像を打出したものだった。やがて広瀬は玖村敏雄と共に『吉田松陰全集』（十巻、昭和九〜十一年。普及版十二巻は昭和十三〜十五年刊）に打ちこむ。この『全集』は以後の松陰研究の基礎を築いたが、同時に、この十巻本第一巻所収の伝記を増補した玖村『吉田松陰』（昭和十一年刊）の刊行は、『全集』所収の松陰史料をフルに使った実証的松陰伝であっただけに、以後の松陰伝の礎石ともなった。しかも、この玖村の松陰像は、松陰の幕末の志士的側面よりも、「家庭人国家人として生ひ立ちつ、求道的生活に則して成長して行った思想過程に重きを置き、それと行動、殊に教育者的行動との関聯を見失はぬやうに注意した」ものだったのである。

以後、教育者的松陰像に圧倒的比重がかかったのは、この書の影響が大きかったといわなければならない。しかも、この書は「松陰の内面的生活の展開」を丹念に史料をして語らしめつつも、結語として「松陰は単に松下村塾の、若くは長州の松陰ではない、（中略）現代及び将来に於てもその烈々たる愛国的精神、その至純なる教育的精神は、なほ未だ悉くは実現して居ないところのその雄大なる国策と共にこれを仰ぐ者の心に永く生きて作用《はたら》きつづけ、天壌と窮りなき皇運を萬古に扶翼し奉るであらう」と述べていたから、日本のファシズム化、大陸侵略の進展、超国家主義の跳梁と共に、この松陰像の国体論的敷衍は、時局便乗主義の横行と相まって極限に達した。

すでに、『吉田松陰之殉国教育』（昭和八年刊）で殉国教育者松陰論を高唱した福本椿水は、昭和十五年刊の『吉田松陰之最後』の冒頭に、「日本精神の権化／尊王攘夷の急先鋒／至誠一貫の殉国殉道者／八紘一宇の肇国精神発揚のため其の三十年の生涯を捧げ盡された松陰先生」と書き、さらに太平洋戦争開始と前後して『吉田松陰　大陸・南進論』（昭和十七年刊）を執筆・刊行した。ここには「大東亜共栄圏」の先駆者としての松陰像が描かれていた。この戦争遂行に松陰像がフルに活用されたことは最初にみた通りである。

ただ、こうした松陰論・松陰像の熱狂の中にあって、人物再検討叢書の一つ、関根悦郎著『吉田松陰』（昭和十二年刊）は、「松陰の維新史に於ける地位は、内面的思想が、政治的活動に迄展開する所の橋渡しをしてゐる点にある」として、維新史における人間松陰をその歴史的条件の中で冷静にとらえようとした。ここにはあの教育者的松陰像も、国体論的なそれもなく、ましてや時局便乗論はない。多くの限界をもちつつも、「歴史的人物を人間離れのしたものとして、人間生活から切り離して無理矢理に偉人や英雄にでっち上げるやり方」への批判が志向されていたのである。

この著者が、松陰の死刑言渡しの際の『唱義見聞録』(世古格太郎著)を引用し、その史料批判を行いつつ、しかも、「彼(松陰—引用者注)は充分覚悟し、その準備をしてゐた。死に面して『神色自若』といふのはお伽噺で『見聞録』の記述は却って松陰の人間的な一面を現はしてゐる」と、従来の「神色自若」的松陰像よりも、「気息荒く切歯し、口角泡を出す如く、実に無念の顔色」をあらわす人間的松陰像に共感を示しているのは、その一端といえる。

五

戦後の松陰像は奈良本辰也著『吉田松陰』(昭和二十六年刊)にみられるように、幕末という歴史的条件の中で生きぬいた人間としての松陰、たんなる教育者、思想家としてではない、時代の激流に苦闘し対決した政治的実践者としての松陰像から再出発した。その辺の事情は著者奈良本氏と、〝武と儒による人間像〟『吉田松陰』(昭和四十三年刊)を著わし、また、最近『吉田松陰の手紙』(昭和四十八年刊)を編んだ河上徹太郎氏との対談(本書収録)にも語られている。そして、いま「吉田松陰の復権をめぐって」(『毎日新聞』昭和四十八年三月十五~六日夕刊)、多くの人びとが再び松陰を語り、新しい松陰像を描こうとしはじめている。実はそのこと自体に、時代と共に生き、時代をこえて行きぬく松陰像の強烈さが何よりも物語られており、また、明日への課題も秘められている、といえるのである。

松陰イメージの可能性

橋川文三

私はこの本の企画者ではないので、全体の後書を書く資格も義務もない。ただ比較的出席回数が多いためか、何か後書らしい感想を記せという編集者の依頼であった。他の出席者諸先生には御免こうむるとして、とりとめもない雑感を記すほかはない。

現在、松陰に魅力を感じている人々が読書人のうちどれくらいいるものか、推定にせよその数を測ることは私にはできない。ただみじかに若い人々の読書傾向を見ていても、案外その数は少ないかもしれないと思うくらいのことである。たとえば大学の卒業論文や大学院の修士・博士論文に松陰が扱われたという例をあまり聞かない。もう松陰は結局古くなったのだろうかと思われるくらいの印象はある。

反面、戦前の岩波版の二つの全集も、こんどの全集もよく売れているという事実はある。しかし私の見当では、それはどうも限られたタイプの人々が買うように思われる。つまりあまり若い人々はそれには関与していないのではなかろうかという懸念である。たとえば地元の山口県と、水戸のあたりで新全集がよく売れるという話であるが、その反面として、若い世代は敬遠するのではなかろうかと考えたくなるのである。つまり松陰ゆかりの土地で、少し年輩の、そして少し頭の古い人々が再び松陰を独占しはじめており、若い人々の方では、半ばそれに反撥して、よそ目に見ているのではなかろうかという想像である。本書の中で桑原武夫さんが「告白すれば松陰みたいな人間を好きになっては困ってしまうという感じがあります」と言っておられるが、その「困ってしまう」ような人々が案外多くて、若い敏感な読者はいわれるまでもなくそのことを感じており、そうした心酔者にとりまかれた松陰像にけうといものを感じているのかもしれない。

しかしそれよりも、もっと卑近に松陰の文章そのものが今の若い世代には読みにくくなったということがあるのかもしれない。事実そういう告白を若い人から聞いたこともあるが、これには私は半信半疑の気持である。そんなはずはないと思うのは、この本のなかでもすべての人が認め、またとくに司馬さんが正岡子規を引きあいに出して言っておられるように、松陰の文章のみごとさは、文章日本語の歴史においても格別のものであった。少しぐらいの字句や文章法のわかりにくさを無視させるほどの力をそれはもっている。松陰その人が眼の前に浮んでくるような実に生き生きした文章である。だからそれが読みにくいということは、私は別の意味でしかうけとれないのである。

＊

とにかく松陰の文章になじめないというのなら、入門の便法として、彼の紀行文集をひとまとめにして、新書判くらいで出版したらどうだろうかと思ったりする。書簡集と紀行文集が普及したならば、自ずと松陰の文章と感受性の世界に進入することはいっそう容易になるはずである。

そればかりでなく、幕末から明治にかけての日本人の表現史を考える場合にも、松陰が重要な地位を占めていることは明らかで、いいかえれば同じ時代の日本人の魂のダイナミズムを知るためには不可欠の存在である。いろいろ考えてみるのだが、どうしてもやはり松陰は、あの時代の日本民族の魂を表現する天才児だったという思いを禁じえない。奈良本さんはその『吉田松陰』において、松陰の思想の「純粋培養」性を述べられたことがあるが、松陰はたんに長州藩において純粋培養されたのではなく、もっと広範な次元においてその意味をもっている。そして、そのことを直観的に教えてくれるものがその紀行文ないし書簡集だろうというわけである。とにかく松陰の文章論については、村上・保田両氏の対談でもふれられており、予想以上の展開の可能性があると思う。立教大学の前田愛さんのような人もその分析に加わって来られたら面白いだろうと思う。

*

かつて私はハンス・コーンの「十九世紀ナショナリズムの研究」というサブタイトルをもったProphets And Peoples という本を面白く読んだことがあるが、そこではイギリスのJ・S・ミル、フランスのミシュレー、イタリアのマッチーニ、ドイツのトライチュケ、ロシアのドストエフスキーだけがとりあげられており、日本も中国も論じられていないのを不満に思ったものである。しかし、さてそれでは、日本では誰を民族の予言者とすることができるかと考えると、なかなかそのような人物の映像がうかびにくいことに改めてきづかされた。それにはいろいろな事情もあるが、ひょっとすると「ナショナリズム」というのは、やはり非常に西欧的なカテゴリーであるかもしれないとも思う。しかしともかく、その時に私の脳裡に浮んでいたものは、松陰ともう一人は西郷であった。しかし果してどちらを選ぶのがふさわしいかとなると、私にはまだ結論がでない。奈良本さんと海音寺さんの対談を読んでもやはりそうなのである。シンボルとしては明治天皇がいちばん無難だというカンは前からあるのだが、それでは少し安易すぎるとなると、貴方は誰を選びますかとみなさんに訊いてみたいところである。

＊

広瀬豊氏の『吉田松陰の研究』のうち、第三篇第三章は「海外に知られたる吉田松陰」となっている。R・L・スティヴンソンの有名な「吉田松陰」以下、欧米人による八点ほどの関係論文があげてあるが、そのあとに付記のようにして「右の外支那では早くから松陰研究者が多いということである。蘇峰の吉田松陰は早い頃既に漢訳されたということである」と記されている。蘇峰の『吉田松陰』の中国訳がいつごろ、どういう人によって行われたのか、私には全くわからないが、それに関連して思い浮べたのは、黄遵憲の『人境廬詩草』巻三の「近世愛国志士歌」に歌われている吉田松陰のことである。そこでは松陰は、山県大弐、高山彦九郎、蒲生君平、林子平、梁川星巌、渡辺崋山、佐久間象山、僧月照、浮田一蕙、黒川トキ、佐倉宗五郎らと並ぶ愛国志士の一人として、次のように歌われている。

丈夫四方志、胡乃死檻車、倘遂七生願、祝君生支那

檻車は間部詮勝要撃策に破れて江戸送りになったことを指し、七生願は楠木正成の七生滅賊の願望を松陰が抱懐したことを意味し、「祝君生支那」は、松陰の精神が中国に甦らんことを願ったものであろうか。黄遵憲の理解した松陰像は、スティヴンソンが理解したのと同じように、偉大なる愛国者としてのそれにほかならなかった。

『人境廬詩草』巻三は光緒三年から七年の作品を収めている（明治十年から十四年）。そして、その影響かどうか、その二十年後の戊戌政変のとき、袁世凱の手に刑死した譚嗣同は、黄遵憲の同志でもあったが、吉田松陰の精神に学ぶところがあったらしいのである。朱謙之の『日本的古学及陽明学』（一九六二）にも次のような一節がある。

「また幕末に陽明学がさかんだったころ、その代表であった吉田松陰らは中国の戊戌維新の志士に影響を与えた。譚嗣同などは身を以て松陰の行為を実践し、黄遵憲の『人境廬詩草』にまた『近世愛国志士歌』があって、敬仰の念をあらわしている。」

広瀬氏が中国に松陰研究が少なくないというのも、そのような背景のもとに理解することはで

きると思うが、もっと詳しく調べればいっそう興味ある事実が出てくるであろうと思う。私はただ私の思い浮ぶ狭い範囲のことを述べただけである。ついでにいえば、この戊戌政変の最中に、かつて松陰の門下生のはしくれであった伊藤博文が北京に滞在し、場合によっては政変後の清朝の政治顧問になるとかならないとかの風評があったことをも思い出さずにはいられない。といっても、まさか戊戌変法の試みが、松陰の影響下におこったなどというわけではないが、しかしまもっていたのではないかということである。そして松陰という人は、日本人としては珍しくそういう思想的喚起力をもっていたのではないかと思われる。

この点について、司馬さんは「純粋な意味での思想的体質を持った人間というのは、安藤昌益という謎の部分の多い人はいますが、これ以外では奈良朝時代からみても、松陰だけじゃないかと思う」と大変暗示に富むことをいわれている。また桑原さんは「現代日本社会で松陰を読みとるのはたいへん難しい」ということでいろいろと留保されながらも、やはり司馬さんの指摘の根本のところは認められているようだ。このあたりの問題が松陰論として今後もっと展開されることが望ましいと私は思う。

＊

それに関連して思いうかぶのは『講孟余話』に出てくる「同」と「独」という松陰独特のカテゴリーのことである。私はそれをひとりぎめでロゴスとパトスというふうに解釈しているが、これにはあまり自信はもてない。相手の松本三之介君の解釈はリアリズムとノミナリズムとしてとらえるものだが、いずれにせよこの点に、松陰思想の大変微妙な構造の核心があるように思われる。李卓吾をとおしての陽明学左派との関係ということを含めて、中国思想史にくわしい人が松陰研究に進出し、ある時期における日中同時代史の一駒として松陰を考えるというふうにならないだろうかと空想したりする。つまりたとえば明末清初であれ、清末民国初であれ、もし松陰が中国に生れていたらという空想は、かなりリアルな想像をひきおこすのではなかろうかと思うからである。その意味でここでも松陰は、たしかに「純粋培養」された思想的器質として考えられるのである。

　そういう色々な観点から松陰を見ることが可能である。そしてこのような小さな本からもさまざまな松陰像の可能性がイメージに浮んでくるはずである。少なくとも松陰にくわずぎらいを感じることのない若い人々が、自由に松陰思想の可能性の追究にすすむためのきっかけともなればと願うだけである。

吉田松陰年譜

一八三〇年（天保元年）…………………**一歳**

八月四日、長門国萩松本村護国山の麓団子岩に、父杉百合之助常道（藩士、家禄二十六石）、母瀧（毛利志摩家臣村田右中の第三女）の次男として生まれる。幼名は虎之助、後に大次郎・松次郎、または寅次郎に改める。名は矩方《のりかた》・字は義卿《ぎけい》または子義《しぎ》、松陰または二十一回猛士と号する。松野他三郎・瓜中萬二《かのうちまんじ》は一時の変名である。

一八三二年（天保三年）…………………**三歳**

妹千代生まれる。

一八三四年（天保五年）…………………**五歳**

叔父吉田大助賢良の仮養子となる。吉田家は代々山鹿流兵学師範を以て毛利氏に仕える大番組で、家禄五十七石六斗を受ける。

一八三五年（天保六年）…………………**六歳**

四月、吉田大助没する、享年二十九。六月、吉田家を嗣ぎ、大次郎を改称する。幼少につき、藩命により家学の高弟渡辺六兵衛・林真人・玉木文之進・石津平七らが家学教授を代理する。

一八三六年（天保七年）……………七歳
九月、藩主斉元（邦憲公）没する。十二月、世子斉広家督を相続する。

一八三七年（天保八年）……………八歳
二月、大塩平八郎兵を挙げる。四月、藩主毛利敬親（忠正公）家督を相続する。

一八三八年（天保九年）……………九歳
一月、家学教授見習として藩校明倫館に登校。

一八三九年（天保十年）……………十歳
十一月、はじめて明倫館に出勤して、家学を教授する。妹壽《ひさ》生まれる。
八月、高杉晋作生まれる。

一八四〇年（天保十一年）……………十一歳
藩主毛利慶親の前ではじめて武教全書戦法篇第三戦を講義する。

一八四一年（天保十二年）……………十二歳
馬術を波多野源左衛門に学ぶ。妹艶生まれる。

一八四二年（天保十三年）…………十三歳

八月、玉木文之進家学後見役を命ぜられる。この年、玉木文之進、松下村塾を開く。門人は杉梅太郎（松陰の兄）・吉田大次郎（松陰）・安田辰之助（山縣半蔵）・久保清太郎・深栖多門・浅野往来など。

一八四三年（天保十四年）…………十四歳

九月、父百合之助、百人中間頭兼盗賊改方に任命される。この年、妹文生まれる。

一八四四年（弘化元年）…………十五歳

九月、藩主の親試があり、武教全書および孫子虚実篇を講義して、絶賛される。この年、外叔父久保五郎左衛門、家督を嗣子清太郎に譲り引退し、塾を開く。後年、松下村塾と改称する。

一八四五年（弘化二年）…………十六歳

藩士山田亦介につき、長沼流兵学を研修する。また、松下村塾に入り、松村文祥らと共に勉学する。弟敏三郎生まれる。

一八四六年（弘化三年）……………十七歳

この春、藩士林真人の家に寓す。たまたま火災にあい、書籍・衣類のほとんどを焼失する。三月、山田亦介より長沼流兵学の免許を受け、家伝の兵要録を受ける。また佐藤寛作に兵要録を、飯田猪之助に西洋陣法を学ぶ。守永弥右衛門より荻野流砲術の伝授を受ける。五月、米使節浦賀に来航、通商を求める。

一八四七年（弘化四年）……………十八歳

十月、林真人より大星目録の免許返伝を受ける。

一八四八年（嘉永元年）……………十九歳

はじめて独立の師範となる。十月、明倫館再興に関する意見書を提出し、賞罰・風俗・規則・試法・選挙等について切論する。

一八四九年（嘉永二年）……………二十歳

二月、明倫館新築。三月、御手当御内用掛を命じられる。五月、書を平戸藩士葉山佐内に贈り、従学の志を述べる。六月、須佐・大津・豊浦・赤馬ヶ関などの海岸を巡視。十月、門人を率いて城東羽賀台で演習を行う。

一八五〇年（嘉永三年）…………………二十一歳

八月、萩を出発して九州に遊学、十二月帰る。行程は小倉・佐賀・大村・長崎・平戸・天草・島原・熊本・柳川・久留米などで、平戸には五十余日滞在し、葉山佐内・山鹿万介に家学を学ぶ。長崎では、訳官鄭幹輔に支那語を習い、唐館・蘭館に遊び、蘭艦に上る。熊本では宮部鼎蔵、佐賀では草場佩川・武富圯南らと交わる。

一八五一年（嘉永四年）…………………二十二歳

一月、林真人より三重伝の印可返伝を受ける。藩主に山鹿流兵学の皆伝を授ける。二月、文武稽古万世不朽の策を著し、時弊を痛論する。三月、兵学研究のために、藩主に従い東行する。江戸においては、安積良斎・古賀茶溪・山鹿素水・佐久間象山らに従学し、また剣を藩士平岡弥三兵衛の門下に学び、鳥山新三郎（安房人）・宮部鼎蔵（肥後人）・長原武（美濃人）・斎藤新太郎（江戸人）らと交わる。六月、宮部鼎蔵と共に鎌倉に赴き、伯父僧竹院を瑞泉寺に訪ねる。その後、相州および房州の沿岸を踏査する。十二月、東北遊歴についての過書（藩の許可書）の下付を待たずに、藩邸を亡命して江戸を出発する。（用猛第一回）途中変名松野他三郎と名乗る。水戸において永井政介の家に投宿した後、宮部鼎蔵・江帾五郎（南部人）と合流する。

一八五二年（嘉永五年）……………二十三歳

一月、会沢恒蔵・豊田彦二郎らを訪ねる。その後、宮部と共に水戸を出発し、東北遊歴の旅に出る。新潟・佐渡・秋田・弘前・青森・盛岡・仙台・米沢等を歴遊後、四月江戸に帰る。知友の勧めにより待罪書を提出する。帰国命令が下り、五月萩に帰る。十一月頃より松陰の号を常用する。十二月、亡命の罪により士籍を削られ、世禄を奪われ、実父百合之助助育《はぐくみ》となる。通称を松次郎と改める。藩主は特に父百合之助に内諭して、十年間諸国遊学の願いを出させる。

一八五三年（嘉永六年）……………二十四歳

一月、幕府松陰の遊学を許す。寅次郎（または寅二郎）と改称する。五月、江戸に入り、鳥山新三郎の家に投宿する。途中、大阪の坂本鼎斎・後藤松陰・藤沢東畡、大和五条の森田節斎・谷三山、伊勢の足代権大夫・斎藤拙堂、桑名の森伸助らを訪ねる。六月、米艦の浦賀来航を聞いて、ただちに直行し、事情を探る。九月、江戸を出発して長崎へ向う。佐久間象山らと謀り、海外視察のため、長崎碇泊中の露艦に乗り込もうとする。十二月、京都に入り、梁川星巌・森田節斎・梅田雲浜・鵜飼吉左衛門らと交わる。

六月、ペリー米艦四隻を率いて浦賀へ来航、和親条約を求める。七月、露国使節プチャーチン軍艦四隻を率いて長崎へ来航、和親通商を求める。

一八五四年（安政元年）……………二十五歳

三月、金子重之助と共に姓名を瓜中万二（金子は市木公太）と変えて、下田より米艦に乗り込もうとしたが、拒まれて果さず、自首して縛につく。四月、江戸伝馬町の獄舎に拘致される。（用猛第三回）九月、幕府は松陰・重之助の罪を断じ、藩に幽閉することを決定。十月、萩に着き野山獄（金子は岩倉獄）に入る。十一月、二十一回猛士の説を作り、後、この別号を使用する。

一月、ペリー再来。三月、日米和親条約締結。八月、日英和親条約締結。十二月、日露和親条約締結。

一八五五年（安政二年）……………二十六歳

一月、金子重之助獄中に没する。三月、僧月性萩に来り、松陰と文通する。四月、野山獄中において獄囚のために孟子を講じ始める。九月、僧黙霖萩に来り、たがいに文通を始める。十二月、野山獄を出獄し、杉家禁錮を命じられる。

十月、江戸大地震、戸田忠太夫・藤田東湖圧死する。

一八五六年（安政三年）……………二十七歳

四月、七生説を作って七生報国の信念を披歴する。八月、僧黙霖再び萩に来り、松陰と文通する。幽囚室において近親子弟のために武教全書を講じる。九月、久保氏のために松下村塾記を作る。外叔父久保五郎左衛門隣家にあって子弟を教授し、松下村塾の名を襲用する。十月、野山獄囚の過半放免される。松陰の尽力多し。十二月、梅田雲浜萩に来り、翌年去る。この間、松陰、雲浜と会見する。七月、米使ハリス下田に来る。

一八五七年（安政四年）……………二十八歳

七月、富永有隣野山獄を出て、松下村塾の師となる。十一月、久保氏と力を協せ、杉氏宅地内にある小舎を修補して松下村塾を開く。塾主は表面上久保氏であるが、実際上松陰が主宰。十二月、妹文、久坂玄瑞に嫁ぐ。五月、幕府米使ハリスと新和親条約に調印する。十月、ハリス登城して将軍と会見する。

一八五八年（安政五年）……………二十九歳

一月、狂夫之言を作る。三月、松下村塾の門人増加によって、塾舎増築工事に着手、完成する。五月、対策一道を作る。対策・愚論を梁川星巌に贈る。星巌これを天覧に供する。六月、続愚論を梁川星巌に贈る。七月、幕府特に家学教授のために門人を引見することを許可する。八月、萩郊外の大井浜で流儀の演習を行う。九月、書を在江戸の松浦松洞に贈り、水野土佐守暗殺の策を授ける。時勢論を作り、天勅の降下、義士の招集等の急務を論じる。大原三位に長門下向を勧めるの書を作り、大原三位に贈る。十月、赤根武人を亡命させ、伏見の獄を毀つの策を授ける。十一月、同志十七名と血盟して老中間部詮勝要撃を謀り、願書案文を幕府要人に示して声援を求める。父・叔父・兄に宛て永訣の書を草する。中旬、間部要撃の策が成り、十二月十五日を期して出発しようとするが、幕府これを憂えて、一室に厳囚する。十二月、借牢願出の形式により、投獄の命が下る。（用猛第四回）門人八名（入江・佐世・吉田・岡部・福原・作間・有吉・品川）、師の罪名を問うため藩の要人に迫り、挙動不穏の廉により幽囚される。水戸の密使関鉄之助（三好貫之助と変名）・矢野長九郎（弓削三之允と変名）萩に来る。松陰獄中にありて、接触に失敗、翌年萩を去る。

四月、井伊直弼、大老となる。六月、日米通商条約調印。九月、梅田雲浜捕わる。十月、橋本左内捕わる。

一八五九年（安政六年）……………………三十歳

一月、大高又次郎・平島武二郎萩に来り、要駕策を計画する。松陰、知友・門人を奔走させるが、二士志を得ずして去る。時事に憤慨して食を絶つ。要駕策に応じるため、野村和作を脱走上京させる。大原三位に差出す書および近著墨使申立の趣論駁条件とを併せて三位に贈る。入江杉蔵、松陰と策応せる廉によって岩倉獄に投獄される。三月、藩主の参府を止めようとしたが失敗、藩主東勤の途に上る。野村和作、捕えられて岩倉獄に投獄される。時事を憤って書を門人知友に送り、賜死の周旋を乞う。この頃、門人の多く松陰を敬遠する風あり。四月、幕府より江戸藩邸へ松陰東送の命が下る。佐久間象山に書を贈りて時事を問う。五月、檻輿萩を出発。父杉百合之助および兄梅太郎、職を褫《うば》われ、謹慎を命じられる。六月、江戸に入り、桜田の藩邸に囚われる。七月、幕吏の訊問を受け、伝馬町の獄に下る。その後、九月五日および十月五日に訊問を受け、十月十六日に口書読み聞かせがある。十月二十日、父・叔父・兄宛永訣書を書く。二十六日、留魂録を作る。二十七日朝、評定所において罪状の申渡しがあり、その後、伝馬町獄舎において死刑に処せられる。二十九日、尾寺新之丞・飯田正伯・桂小五郎・伊藤利輔ら遺骸受取りに奔走し、この日漸く小塚原回向院下屋敷常行庵に葬る。

著作一覧

一八四六年（弘化三年）　十七歳	外夷小記
一八四九年（嘉永二年）　二十歳	廻浦紀略・稽古事控・明倫館御再建控
一八五〇年（嘉永三年）　二十一歳	西遊日記・未忍焚稿・上覧控・公事記
一八五一年（嘉永四年）　二十二歳	武教全書講章・未焚稿・東遊日記・辛亥日記・費用録・辛亥歳雑抄（安政二年に及ぶ）・上書
一八五二年（嘉永五年）　二十三歳	東北遊日記・猛省録・睡餘事録・業餘漫録・雑録・舊鈔・屛居読書抄・辛亥筆記
一八五三年（嘉永六年）　二十四歳	将及私言（其他二種）・癸丑遊歴日録・長崎紀行・東征稿

一八五四年（安政元年）　二十五歳

幽囚録

一八五五年（安政二年）　二十六歳

野山獄文稿・野山雑著・獄中俳諧・賞月雅草・冤魂慰草・
回顧録・清国感豊乱記・書物目録・抄制度通

一八五六年（安政三年）　二十七歳

講孟餘話（旧名講孟劄記）・武教全書講録・丙辰幽室文稿・
左氏兵戦抄・明倫抄・宋元明鑑紀奉使抄・叢棘随筆・丙辰
日記・借本録・丙辰歳晩大会計

一八五七年（安政四年）　二十八歳

丁巳幽室文稿・吉田語略・討賊始末・外蕃通略・外史彙
材・二十一回叢書・吉日録・野山獄読書記・丁巳日乗

一八五八年（安政五年）　二十九歳

戊午幽室文稿・幽窓随筆・読綱鑑録・急務四条・西洋歩兵
論・松陰詩稿・松下村塾食料月計・松下村塾食事人名控

一八五九年（安政六年）　三十歳

己未文稿・李氏焚書抄・李氏続蔵書抄・東坡策批評・鴻鵠
志・孫子評註・坐獄日録・照顔録・東行前日記・読餘雑
抄・汪文抄・縛吾集・涙松集・留魂録

関係文献

一、　象山松陰　慨世余聞　斎藤丁治編　明治二十二年　丸善商社本店
二、　吉田松陰伝　野口勝一　富岡政信共編　明治二十四年　東陽堂
三、　吉田松陰　徳富猪一郎著　明治二十六年　民友社
四、　吉田松陰言行録　五十嵐越郎著　明治四十一年　内外出版協会
五、　吉田松陰　帝国教育会編　明治四十二年　帝国教育会
六、　青年鑑　第二冊松陰篇　亘理章三郎著　明治四十二年
七、　吉田松陰　斎藤謙著　明治四十二年　隆文館
八、　吉田松陰精神修養談　杉原三省著　明治四十二年　大学館
九、　教談　嗚呼松陰　野口復堂著　明治四十三年　春陽堂
一〇、　松陰先生教訓道話　佐藤春葉著　明治四十四年　国文館
一一、　吉田松陰（偉人の幼年時代四）　碧瑠璃園著　大正二年
一二、　吉田松陰修養訓　足立栗園著　大正三年
一三、　吉田松陰　伊藤痴遊著　大正四年　東亜堂
一四、　吉田松陰言行録　武田鶯塘著　大正四年　東亜堂

一五、　吉田寅次郎　杉浦重剛　世木鹿吉共著　大正四年　博文館
一六、　松陰先生の少年時代　金原善三郎著　大正四年　赤心社
一七、　吉田松陰　碧瑠璃園著　大正五年　霞亭会
一八、　驚天動地　松陰と左内　高橋淡水著　大正十年　下村書房
一九、　松陰とその門下　高橋淡水著　大正十一年　現代堂
二〇、　為になる偉人の話　吉田松陰　武田鶯塘著　大正十一年　邦光堂
二一、　歴史講談　吉田松陰　大久保四州著　大正十一年　日本青年館
二二、　吉田松陰　中里介山著　大正十四年　白楊社
二三、　松陰先生交友録　福本椿水著　昭和三年　惜春山荘
二四、　読本物語　頼山陽と吉田松陰　友納友次郎著　昭和三年　子供の日本社
二五、　少年　吉田松陰伝　松本浩記著　昭和三年　同文館
二六、　吉田松陰先生伝　大久保龍著　昭和四年　日比書院
二七、　吉田松陰とペスタロッチー　大久保龍著　昭和四年　光学堂
二八、　下田に於ける　吉田松陰　村松春水著　昭和四年　黒船社

二九、　吉田松陰の研究　広瀬豊著　昭和五年　武蔵野書院
三〇、　吉田松陰とその教育　後藤三郎著　昭和六年　玉川学園
三一、　続吉田松陰の研究　広瀬豊著　昭和七年　武蔵野書院
三二、　吉田寅次郎　スティヴンスン原著　柴孝平訳註　昭和七年　外国語研究社
三三、　吉田松陰の殉国教育　福本椿水著　昭和八年　誠文堂
三四、　松陰先生の教育力　広瀬豊著　昭和九年　武蔵野書院
三五、　吉田松陰　香川政一著　昭和十年　藤川東輔
三六、　村塾の松陰　香川政一著　昭和十年　白銀日新堂
三七、　松陰先生　俳句の研窮　重本多喜津著　昭和十年　山口県教育会
三八、　松陰先生にゆかり深き婦人　広瀬敏子著　昭和十年　山口県教育会
三九、　吉田松陰の留魂録　紀平正美著　昭和十年　文部省思想局
四〇、　大楠公と吉田松陰　福本椿水著　昭和十年　丸一書店
四一、　吉田松陰　玖村敏雄著　昭和十一年　岩波書店
四二、　吉田松陰　中野光治著　昭和十一年　春秋社

四三、　吉田松陰論語 大嶺豊彦著　昭和十一年　教材社
四四、　松陰以前の松下村塾　吉田理著　昭和十一年　松陰精神普及会
四五、　松下村塾をめぐりて　福本義亮著　昭和十一年　同人発行
四六、　吉田松陰先生の仏教観観察　稗田雪崖著　昭和十一年　同人発行
四七、　講孟余話　広瀬豊校訂　昭和十一年　岩波書店
四八、　松陰詩稿詳解 吉富治一著　昭和十二年　山口県教育会
四九、　吉田松陰書簡集　広瀬豊校訂　昭和十二年　岩波書店
五〇、　吉田松陰（人物再検討叢書）関根悦郎著　昭和十二年　白揚社
五一、　吉田松陰先生の教育　広瀬豊著　昭和十二年　武蔵野書院
五二、　訓註　吉田松陰殉国詩歌集　福本義亮著　昭和十二年　誠文堂新光社
五三、　増補　吉田松陰とその教育　後藤三郎著　昭和十二年　玉川学園出版部
五四、　松陰読本　坂上真一著　昭和十二年　建設社
五五、　吉田松陰論　大野慎著　昭和十二年　東京パンフレット社
五六、　吉田松陰教育説選集　武田勘治編　昭和十二年　第一出版協会

五七、　青年教師吉田松陰　上田庄三郎著　昭和十三年　啓文社
五八、　吉田松陰女誡訓　守繁蔵編　昭和十三年　雄生閣
五九、　松陰先生と吉田稔麿　来栖守衛著　昭和十三年　山口県教育会
六〇、　黙霖松陰　往復書簡　玖村敏雄　吉野浩三編　昭和十三年　黙林先生顕彰会
六一、　照顔録訓註　福本義亮著　昭和十三年　山口県教育会
六二、　吉田松陰先生　逸話と遺訓　田中金一著　昭和十三年　神戸中央印刷所
六三、　吉田松陰言行録　広瀬豊著　昭和十三年　三省堂
六四、　訓註　士規七則　安藤紀一講述　昭和十三年　松陰神社社務所
六五、　吉田松陰　田中惣五郎著　昭和十四年　千倉書房
六六、　吉田松陰の留魂録　紀平正美著　昭和十四年　文部省教学局
六七、　坐獄日録訓註　福本義亮著　昭和十四年　山口県教育会
六八、　シナリオ松下村塾　伊藤松雄著　昭和十四年　作品社
六九、　松陰に学ぶ　道川逸郎著　昭和十四年　人文閣
七〇、　松陰精神と教育の革新　上田庄三郎著　昭和十四年　啓文社

七一、　松陰精神読本 松陰精神道場編著　昭和十四年　松陰精神道場

七二、　吉田松陰先生の臨終　広瀬豊著　昭和十四年　武蔵野書院

七三、　至誠殉国　吉田松陰之最期　福本義亮著　昭和十五年　誠文堂新光社

七四、　小説　松下村塾　今野賢三著　昭和十五年　金星堂

七五、　吉田松陰（偉人叢書10）石川謙　武田勘治共著　昭和十五年　三教書院

七六、　吉田松陰　丸山義二著　昭和十五年　教材社

七七、　吉田松陰先生と母堂　金子久一著　昭和十五年　白銀日新堂

七八、　大衆読本　松陰先生一代記　近藤留蔵著　昭和十五年　松陰精神普及会

七九、　読綱鑑録　福本義亮訓註　昭和十五年　惜春荘

八〇、　人間練成の吉田松陰　品川義介著　昭和十六年　東水社

八一、　教育の神吉田松陰　広瀬豊著　昭和十六年　武蔵野書院

八二、　青年吉田松陰　広瀬豊著　昭和十六年　武蔵野書院

八三、　講孟余話解説 広瀬豊著　昭和十六年　武蔵野書院

八四、　吉田松陰の精神　陶山務著　昭和十六年　第一書房

八五、　不滅の人　吉田松陰　武田勘治著　昭和十六年　道統社
八六、　吉田松陰の母　福本義亮著　昭和十六年　誠文堂新光社
八七、　吉田松陰の母　吉川綾子著　昭和十六年　泰山房
八八、　吉田松陰の遊歴　妻木忠太著　昭和十六年　泰山房
八九、　吉田松陰と山鹿素行　竹内尉著　昭和十六年　健文社
九〇、　吉田松陰至誠の書　和田健爾編著　昭和十六年　京文社
九一、　講孟余話（現代語訳）　和田健爾訳　昭和十六年　京文堂書店
九二、　吉田松陰　和田政雄著　昭和十六年　鶴書房
九三、　吉田松陰　講孟余話　広瀬豊著　昭和十六年　日本文化協会
九四、　吉田松陰遺墨帖（二巻）　玖村敏雄編　昭和十六年　天晨堂
九五、　人間吉田松陰　上田庄三郎著　昭和十七年　啓文社
九六、　下田に於ける　吉田松陰　福本義亮著　昭和十七年　誠文堂新光社
九七、　吉田松陰の思想と教育　玖村敏雄著　昭和十七年　岩波書店
九八、　殉国の人　吉田松陰　池田宣政著　昭和十七年　偕成社

九九、　神国魂　吉田松陰　村崎毅著　昭和十七年　学習社
一〇〇、吉田松陰　渋沢青花著　昭和十七年　金の星社
一〇一、吉田松陰の詩と文　河野通毅著　昭和十七年　三光社
一〇二、吉田松陰　大陸・南進論　福本義亮著　昭和十七年　誠文堂新光社
一〇三、解説　吉田松陰遺文集　栗栖安一著　昭和十七年　撰書堂
一〇四、紙芝居読本　松陰先生一代記　近藤龍三著　昭和十七年　松陰精神普及会
一〇五、黎明日本の炬火吉田松陰　山中峯太郎著　昭和十七年　潮文閣
一〇六、校正　幽囚録　伊藤銀月著　昭和十七年　朝日書房
一〇七、吉田松陰選集　武田勘治編　昭和十七年　読書新報社出版部
一〇八、吉田松陰と月性と黙霖　布目惟信著　昭和十七年　興教書院
一〇九、女誡訓　清川秀敏著　昭和十七年　日本青年協会
一一〇、吉田松陰　殉国の精神　和田健爾著　昭和十七年　京文社書店
一一一、吉田松陰　岡不可止著　昭和十八年　講談社
一一二、吉田松陰の思想　丸山義二著　昭和十八年　教材社

一一三、　松陰と象山　武田勘治著　昭和十八年　第一出版協会
一一四、　吉田松陰全日録　狩野鐘太郎編著　昭和十八年　新興亜社
一一五、　時代の明星　吉田松陰　豊島与志雄著　昭和十八年　三学書房
一一六、　吉田松陰正史　斎藤鹿三郎　斎藤直幹編著　昭和十八年　第一公論社
一一七、　吉田松陰　武藤貞一著　昭和十八年　統正社
一一八、　吉田松陰　藤井貞文著　昭和十八年　地人書館
一一九、　吉田松陰兵家訓　丹潔著　昭和十八年　雄山閣
一二〇、　勤皇の神　吉田松陰　広瀬豊著　昭和十八年　日本青年教育会出版部
一二一、　松下村塾の人々　山中峯太郎著　昭和十八年　潮文閣
一二二、　吉田松陰集（勤皇志士叢書）　雑賀博愛監修　昭和十八年　興文社
一二三、　吉田松陰の精神　玖村敏雄著　昭和十九年　春陽堂
一二四、　松下村塾の指導者　岡不可止著　昭和十九年　文芸春秋社
一二五、　吉田松陰　東北遊歴と其亡命考察　諸根樟一著　昭和十九年　共立出版
一二六、　吉田松陰　奈良本辰也著　昭和二十六年　岩波書店

一二七、　吉田松陰　下程勇吉著　昭和二十八年　弘文堂
一二八、　吉田松陰の愛国教育　福本義亮著　昭和三十年　誠文堂新光社
一二九、　吉田松陰　岡不可止著　昭和三十四年　角川書店
一三〇、　新日本の光　吉田松陰　田中俊資著　昭和三十八年　松陰神社維持会
一三一、　松陰余話　福本義亮著　昭和四十年　山口県人会
一三二、　維新の先達　吉田松陰　田中俊資著　昭和四十二年　松陰神社維持会
一三三、　吉田松陰　河上徹太郎著　昭和四十三年　文芸春秋
一三四、　吉田松陰と僧黙霖　村岡繁著　昭和四十三年　松陰遺墨展示館
一三五、　松下村塾　池田諭著　昭和四十三年　広済堂出版
一三六、　吉田松陰　池田諭著　昭和四十三年　大和書房
一三七、　吉田松陰集（日本の思想）　奈良本辰也編　昭和四十四年　筑摩書房
一三八、　校註　講孟箚記　近藤啓吾編　昭和四十四年　日本学協会
一三九、　吉田松陰　奈良本辰也・橋川文三・杉浦明平著　昭和四十六年　思索社

対談者・執筆者紹介（五十音順）

海音寺潮五郎（かいおんじちょうごろう）
作家　一九〇一年鹿児島生　国学院大学卒
著書「天と地と」「武将列伝」「平将門」「西郷隆盛」

河上徹太郎（かわかみてつたろう）
評論家　一九〇二年山口生　東京大学卒
著書「日本のアウトサイダー」「吉田松陰」

桑原武夫（くわばらたけお）
評論家　一九〇四年福井生　京都大学卒
編著「文学入門」「第二芸術論」「フランス革命の研究」

司馬遼太郎（しばりょうたろう）
作家　一九二三年大阪生　大阪外語卒
著書「竜馬がゆく」「世に棲む日日」「坂の上の雲」

田中彰（たなかあきら）
北海道大学教授　一九二八年山口生　東京教育大学卒
著書「明治維新政治史研究」「幕末の長州」

奈良本辰也（ならもとたつや）
歴史家　一九一三年山口生　京都大学卒
著書「吉田松陰」「二宮尊徳」「武士道の系譜」

橋川文三（はしかわぶんぞう）
明治大学教授　一九二二年対馬生　東京大学卒
著書「日本浪曼派批判序説」「歴史と体験」「順逆の思想」

松本三之介（まつもとさんのすけ）
東京大学名誉教授　一九二六年茨城生　東京大学卒
著書「近代日本の政治と人間」「天皇制国家と政治思想」

村上一郎（むらかみいちろう）
歌人　一九二〇年東京生　一橋大学卒
著書「日本のロゴス」「北一輝論」「草莽論」

保田與重郎（やすだよじゅうろう）
評論家　一九一〇年　奈良生　東京大学卒
著書「日本の文学史」「日本の橋」「日本の美とこころ」

吉田《よしだ》松陰《しょういん》を語《かた》る

1974年12月30日　第1版第1刷発行
2015年4月20日　新装版第1刷発行

著　者　奈良本辰也　他
発行者　佐藤　靖
発行所　大和《だいわ》書房
東京都文京区関口1—33—4
電話03（3203）4511

装　幀　菊地信義
本文設計　新田由起子（ムーブ）
本文印刷　シナノ
カバー印刷　歩プロセス
製本所　ナショナル製本

©2015
ISBN978-4-479-86026-6
乱丁本・落丁本はお取り替えいたします
http://www.daiwashobo.co.jp/

現代においては不当、不適切と思われる表現もありますが、作品全体の歴史的価値を重んじ、そのままの表現を用いている箇所があります。

大和書房　名著復刊

吉田松陰　池田諭
生き続ける革命家・吉田松陰。稀代の思想家として、教育者として、自らの志を継ぐ維新の立役者達を数多く生み出した男。その思想と行動から、閉塞した現状を変える術を学ぶ。
定価（本体１６００円＋税）

高杉晋作と久坂玄瑞　池田諭
松下村塾の竜虎として松陰の薫陶を受けた二人。どのように学び、行動し、袂を分かったのか。両者の感懐を吐露した手紙を多く紹介し、革命に命をかけた青年を描く傑作評伝。
定価（本体１６００円＋税）